ELEMENTARBUCH DES SANSKRIT

UNTER BERÜCKSICHTIGUNG DER VEDISCHEN SPRACHE

ELEMENTARBUCH DES SANSKRIT

UNTER BERÜCKSICHTIGUNG DER VEDISCHEN SPRACHE

VON

WILH. GEIGER

DRITTER TEIL

WÖRTERVERZEICHNISSE

ZWEITE AUFLAGE

ASIAN EDUCATIONAL SERVICES
NEW DELHI ★ MADRAS ★ 1992

ASIAN EDUCATIONAL SERVICES.
* C-2/15, S.D.A. NEW DELHI-110016
* 5 SRIPURAM FIRST STREET, MADRAS-600014.

Price: Rs. 120
First Published: 1909
AES Reprint: 1992
ISBN: 81-206-0660-4

Published by J. Jetley
for ASIAN EDUCATIONAL SERVICES
C-2/15, SDA New Delhi-110016
Processed by APEX PUBLICATION SERVICES
New Delhi-110016
Printed at Gaytri Offset Press
A-66, S.No. 2 Noida, Distt. Ghaziabad (U.P.)

ELEMENTARBUCH DES SANSKRIT

UNTER BERÜCKSICHTIGUNG DER VEDISCHEN SPRACHE

VON

WILH. GEIGER

DRITTER TEIL:

WÖRTERVERZEICHNISSE

ZWEITE AUFLAGE

STRASSBURG
VERLAG VON KARL J. TRÜBNER
1909

Inhaltsverzeichnis.

I. Wörterverzeichnis

Sanskrit-Deutsch.

Hinter den Verbalwurzeln folgen die wichtigsten Stichformen und zwar in der Regel: a) des Präsens Ind.; b) des Perfekts; c) des Aorists; d) des Futurs. Sodann folgen das Passiv (nebst den wichtigsten Partizipien), das Kausativ und gelegentlich Desiderativ und Intensiv. Den Schluß bilden Infinitiv und Gerundien. Die gewählte Pers. ist meist die 3. Si. — Bei *a*- und *u*-Adjektiven ist das Fem. angeführt, wenn es mittels *ī* abgeleitet wird. Sonst s. § 170, 171.

Abkürzungen: AK. = am Anfang eines Kompositums; EK. = am Ende eines Komp.; Bah. = Bahuvrīhi. — pprs. = Part. des Präs.; ppf. = Part. des Perf. Akt.; pp. = Part. des Perf. Pass.; pfp. = Part. das Fut. Pass. — K. = Kausativ.

अ *a*

अ°, vor Vok. **अन्°** negiert den Begriff, vor dem es steht; z. B. *a-jñāna-* „Nichtwissen"; *a-śakta-* „ohnmächtig". AK-Bah. *an-apatya-* „keine Kinder besitzend" § 178, Anm. 1.

अंश m. Teil, Anteil, Loos; Name eines Gottes.

अंशु m. Strahl.

अंशुमत् strahlend; m. Sonne.

अकस्मात् plötzlich, ohne Grund.

अकाण्ड unerwartet; *-e* wider Erwarten.

अकाल m. Unzeit, ungünstige Zeit.

अकृत्य was nicht getan werden soll; n. Unrecht.

अक्ष m. Achse (am Wagen).

°अक्ष, f. *ī*, EK. = **अक्षि**.

अक्षम nicht imstande.

अक्षि n. Auge EK. °*akṣa*-.

अखिल ganz, vollständig, all.

अगुरु mn. Name e. Pflanze: Aloë.

अगौरव n. Mißachtung.

अग्नि m. Feuer, Flamme; Feuergott.

अग्निहोत्र n. Pflege des heiligen Feuers, das heil. Feuer selbst.

अग्र n. höchstes, Spitze; *agrataḥ* vor, in Gegenwart.

अङ्कय् Denom. (*aṅkáyati*; pp. *aṅkita*-) mit einem Kennzeichen versehen, überh. m. etw. versehen.

अङ्ग verstärk. Part. eben, gerade.

अङ्ग n. (EK. f. *ī*) Glied, Körper.

अङ्गार mn. Kohle.

अङ्गिरस् m. Name des Agni.

अचल unbeweglich; m. Berg.

अचित् nichtwissend, unweise.

अचित्ति f. Torheit, Verblendung.

अच्युत unerschütterlich; **अच्युतच्युत्** das Unerschütterliche erschütternd.

अज् (*ájati*) treiben.

m. **उद्** heraustreiben.

अजित unbesiegt.

अज्ञान n. Nichtwissen, Irrtum, Unkenntnis.

अट् (*áṭati; āṭa; āṭīt; aṭiṣyati*) gehen.

m. **परि** herumgehen.

अटवि u. **°वी** f. Wald.

अत् (*átati* u. *°te*) eilen.

अतः von da, daher, deshalb.

अति° AK. über hinaus; über das Maß, sehr, überaus.

अतिरेक m. Übermaß.

अतीत pp. v. **इ** m. **अति** vergangen; n. Vergangenheit.

अतीव überaus, sehr.

अतुल unvergleichlich.

अत्र hier, hierhin; = L. Si. *asmin*.

अथ da, dann, darauf; und, aber, jedoch. *atha vā* oder auch, oder aber.

अद् § 106. 4c (*átti*, Imper. Si. 2. *addhí, āda, atsyati*) essen.

अदस् § 79, Pron. dem. jener.

अद्भुत wunderbar.

अद्य heute.

अधः hinab; unter, unterhalb (m. G. Ab. Akk.).

अधम der unterste, niedrigste, schlechteste.

अधर der untere, zu unterst; m. Unterlippe.

अधरोष्ठ m. Lippe.

अधस्तात् unten; unterhalb.

अधि hinauf, darüber; über, auf.

अधिक darüber hinausgehend; zum Ausdruck zusammengesetzter Zahlen, § 72.

अधिप m. Besitzer, Gebieter, Fürst.

अधिष्ठान n. Ort, Stadt.

अधुना jetzt.

अधोगति f. der Weg zur Hölle.

अधोमुख, f. *ī*, mit gesenktem Antlitz.

अध्याय m. Studium; Lektion, Kapitel.

अध्वर m. Opferhandlung, Opfer.

अन्° s. unter **अ°**.

अनन्त endlos, ewig.

अनन्तर ohne Zwischenraum; *-am* unmittelbar nach.

अनर्थ m. Unding, unmögliche Sache; Unheil.

अनल m. Feuer.

अनागस् schuldlos, sündlos.

अनाहार m. das Nichtessen; Not.

अनिल m. Wind.

अनिभृतम् adv. ruhelos.

अनु hinter, nach, gemäß (m. Akk.) *anu* ... *ā* über ... hin.

अनुकम्पक mitleidig.

अनुकम्पा f. Mitleid, Erbarmen.

अनुभाव m. Würde.

अनुयायिन् m. Begleiter.

अनुराग m. Zuneigung, Liebe.

अनृत unwahr, unrecht; n. Unwahrheit, Unrecht, Sünde.

अनेक nicht einer, viel.

अनेकधा auf vielerlei Weise, vielfach.

अनेकशः zu wiederholten Malen.

अनेनस् schuldlos.

अन्त m. Ende, Schluß, Ziel.

अन्तः (*-ar*) drinnen, hinein; zwischen (m. L.), bei, in Gemeinschaft von (L.).

अन्तःपुर n. das (im Innern des Hauses befindliche) Frauengemach.

अन्तर drinnen befindlich; n. Zwischenraum, Zwischenzeit, Zeit. *atrāntare* inzwischen.

अन्तरिक्ष n. Luftraum.

अन्तिक n. Nähe. *-am*, *-e* vor, in Gegenwart, hin zu jem. (G.).

अन्ध blind. *andhībhū* blind werden, erblinden § 173.

अन्धकार mn. Finsternis.

अन्न n. Speise.

अन्य § 80. 3 ein anderer. *anya-* — *anya-* der eine — der andere. *anyo'nya-* einander.

अन्यतम irgend einer.

अन्यथा auf andere Weise.

अन्वय m. Nachfolge, Folge, richtiger Zusammenhang; Nachkommenschaft.

अप् § 52, Anm. 2, f. Wasser.

अप weg, fort, ab.

अपत्य n. Nachkommenschaft, Kind, Sohn, Tochter.

अपधा aus dem Versteck (? *apadho* zu lesen).

अपर § 80. 3, Anm. ein anderer, späterer.

अपराजित unbesiegt. °*tā dik* (*diś-*) die nordöstl. Himmelsgegend.

अपस् n. Werk.

अपि zu, hinzu, an; — auch, und auch, sogar, selbst (hebt das vorang. W. hervor, gibt einem Part. konzessiven Sinn); aber, doch. *ko'pi, kim api* usw. siehe bei **किम्**.

अपूप m. Kuchen.

अप्य im Wasser befindlich, Wasser-; n. Wassertier.

अप्रधान nicht hervorragend.

अप्सरस् § 63, Anm., f. Nymphe.

अफल ohne Erfolg, ohne Lohn.

अभय n. Furchtlosigkeit, Gefahrlosigkeit, Sicherheit.

अभाव m. Nichtsein, Nichtvorhandensein; Vernichtung.

अभाविन् was nicht sein oder eintreten wird.

अभि hin zu, gegen.

अभिनव frisch, jugendlich.

अभिमुख, f. *ī*, mit hingewendetem Antlitz, losgehend auf, zugewandt zu, geneigt zu etw.

अभिवादन n. Verehrung, Begrüßung.

अभीत furchtlos.

अभ्यन्तर der innere; n. das I., Gemach.

अभ्यर्ण nahe; n. Nähe.

अभ्र n. Wolke.

अभ्रावकाशिक den Wolken, dem Regen sich aussetzend.

अमङ्गल unheilvoll; n. böses Omen, Unheil.

अमम gleichgültig gegen etwas.

अमर m. Unsterblicher, Gott.

अमर्ष m. Unmut, Unwillen.

अमा heim, nach Hause.

अमात्य m. Minister, Beamter.

अमित ungemessen, unermeßlich.

अमित्र m. Feind.

अमेयात्मन् dessen Selbst unermeßbar ist, übergewaltig.

अमोघ nicht irrend, nicht fehlend, unfehlbar.

अम्भस् n. Wasser.

अयन n. Umlauf, Periode, periodisches Opfer.

अयम् Pron. den. s. **इदम्**.

अयशस् n. Unehre, Schande.

अयस् n. Erz, Eisen.

अयुक्त ungeschickt, unpassend, unrecht.

अरण्य mn. Wildnis, Wald.

अरम् s. bei **कृ**.

अरमति unermüdlich..

अराजक königslos, ohne König.

अराति f. Dämonin, Unholdin.

अरि m. Feind.

अर्क m. 1. Sonne; 2. Name eines Strauches.

अर्च् (*árcati*; *ānarca*, *ārcīt*; K. *arcayati*; pp. *arcita-*) ehren.

अर्चिष्मत् m. Feuer, Feuergott.

अर्चिस् fn. Strahl, Flamme.

अर्ज् (*árjati*; *ānarja*; K. *arjayati*; pp. *arjita-*) erwerben, gewinnen.

m. **उप** dass.

अर्जुन m. Name eines Baumes; Name eines der Pāṇḍuiden s. II, S. 22, N. 1.

अर्थ m. Sache; Geld, Vermögen; Nutzen; Sinn, Inhalt; Ursache. *-am*, *-e* wegen, um ... willen (*kimartham* warum?).

अर्थय् (i. Gr. *arth*) Denom. (*arthá-yate*; pp. *arthita-*) bitten, begehren, haben wollen; sich wenden an ...

m. **प्र** dass.

अर्थिन् begierig.

अर्द् (*árdati*; *ānarda*; *ārdīt*; K. *ardayati*; pp. *ardita-*) quälen, verletzen. K. töten.

अर्दन bedrängend.

अर्ध halb; n. Hälfte.

अर्पित pp. des K. von **ऋ**.

अर्य gnädig, gütig.

अर्यमन् m. Name eines Gottes.

अर्ह् (*árhati; ānarha*) schuldig sein, müssen, dürfen.

अलंकार m. Schmuck.

अलीक falsch, erdichtet.

अव् (*ávati; āva: āviṣam*, 3. Si. *āvīt: aviṣyati* pp. *ūta-* u. *avita-*) unterstützen.

अवकाश m. Raum, Platz. S. **अभ्रावकाशिक**.

अवयव m. Glied, Teil.

अवर § 80. 3 Anm. westlich; näher, diesseitig.

अवलम्बिन् hangend, herabhängend auf, sich herabneigend auf.

अवश unwillig, ohnmächtig.

अवश्यम् notwendig, sicherlich.

अवस् n. Hilfe.

अवसर m. Gelegenheit, Augenblick.

अवस्था f. Zustand, Lage.

अवारणीय nicht zu hemmen, unaufhaltsam.

अवितृ m. Helfer.

अविषह्य unausführbar, unbestimmbar.

अविष्या f. Begierde, Ungestüm.

1. **अश्** (*aśnóti* u. *aśnuté*, Opt. *aśyāt*, Imp. *aṣṭu; ānaśe; aśiṣyate*) erlangen, gewinnen.

m. **सम्** dass.

2. **अश्** (*aśnā́ti*, Imp. 2. Si. *aśāna: Pf. āśa; māśīḥ; aśiṣyati;* K. *āśayati*) essen, verzehren.

m. **सम्** dass.

अशक्त ohnmächtig, machtlos.

अशन n. Essen. EK. essend.

अशनि mf. Blitzstrahl.

अशनिमुच् m. Donnerwolke.

अशरीरिन् körperlos.

अशुचि unrein.

अशुभ unschön, böse.

अशेष ohne Rest. *-taḥ* vollständig, ganz.

अश्मन् m. Stein, Schleuderstein.

अश्रु n. Träne.

अश्व m. Pferd.

अश्वत्थ m. Name eines Baumes, ficus religiosa.

अश्वसेन n. pr., S. des Takṣaka.

अश्विनौ Du. m. die beiden Aśvins, die (indischen) Dioskuren.

अष्ट § 73. 3 acht.

अष्टम, f. *ī*, der achte.

अष्टमकालिक die achte Zeit (beim Essen) einhaltend, nur jedes achte Mal essend.

अष्टाविंशति f. achtundzwanzig.

1. **अस्** § 103 (*ásti*, 3. Pl. *santi*, Opt. *syāt*, Imp. 2. Si. *edhi*, Impf. *āsīt; āsa*) sein, da sein, existieren; eigen sein, gehören (m. D. G.). pprs. *sat* s. bes.

2. **अस्** (*ásyati; āsa; asiṣyati;* pp. *asta-*) werfen, schleudern.

m. **सम्** verbinden. pp. *samasta-* s. bes.

असत्य unwahr, lügnerisch.

असाध्य nicht zu vollenden, unausführbar, nicht zu heilen.

असु m. Hauch, Seele, Leben.

असुर m. Dämon.

असौ Pron. dem. s. **अदस्**.

अस्त n. Heimat, Heim, Untergang (der Sonne usw.). *astam i* s. bei **इ**.

अस्त्र n. Geschoß, Pfeil.

अस्थि § 44. 3, n. Knochen.

अस्मत् St. d. Pron. d. 1. Pers. Pl.

अस्मदीय § 81. 3 unser, uns gehörig, für uns bestimmt.

अह् s. unter **आह**.

अहंकृत hochmütig, stolz.

अहन् § 58. 1, n. Tag. *ahanyahani* Tag für Tag.

अहम् § 76 Pron. d. 1. Pers. ich.

अहस् Nebenst. zu **अहन्**.

अहि m. Drache, ein Dämon.

अहो Interj. der Verwunderung, des Schmerzes usw. ha! halt! ach!

अह्यर्षु auf den Drachen sich stürzend.

आ *ā*

आ zu, hin zu, bis zu (m. Ab.); verstärkend beim L.

आः Interj. des Unwillens.

आकण्ठ AK. bis zum Hals reichend, überreichlich.

आकार m. Gestalt, Aussehen.

आकाश mn. Äther, Luft.

आकुल voll v. etw., belebt d. etw.; verwirrt.

आकुलय् (i. Gr. *kul* m. *ā*) Denom. (*ākulayati*; pp. *ākulita-*) voll machen, erfüllen; erwägen; in Verwirrung bringen. Vgl. **व्याकुलय्**.

आकृति f. Form, Gestalt.

आख्या f. Name. EK. °*ākhya-* so und so genannt.

आगत pp. von **गम्** m. **आ** der gekommen od. herangekommen ist, der sich wohin begeben hat, (in einen Zustand) gelangt = etw. geworden; n. Gegenwart.

आगम m. Lauf (eines Gewässers).

आगम्य zugänglich.

आगस् n. Sünde, Unrecht.

आग्रयण n. Erstlingsopfer (von Früchten).

आचार्य m. Lehrer.

आच्छादन n. Bedeckung, Bekleidung, Kleid.

आटोप m. Selbstbewußtsein, Stolz.

आत्त s. unter **दा** m. **आ**.

आत्मज m. Sohn; f. *ā* Tochter.

आत्मन् m. Hauch, Seele, Leben; Selbst; oft = Pr. refl. § 81. 1.

आदातृ m. einer, der nimmt.

आदि erster; m. Anfang, Beginn. EKBah. etwas als Anfang habend; = usw. *ityādi* dies und anderes.

आदित्य m. Sonnengott, Sonne.

आद्य dass. wie **आदि**.

आनन n. Mund, Antlitz.

आप (*apnóti*, Imp. 2. Si. *apnuhi; apa; apat; apsyati;* Pass. *apyate*, pp. *apta-;* Inf. *aptum;* K. *āpayati; āpayāmasa;* Des. *īpsati*, pp. *īpsita-* § 159) erlangen, erreichen, treffen. Des. zu erreichen wünschen, erstreben, begehren.

m. **अव** dass. wie d. Simpl.

m. **प्र** dass. wie d. Simpl.; einholen. Pass. angetroffen werden, da sein, vorkommen; pp. erlangt, gelangt, gekommen; pfp. *prāptavya-* was erlangt werden od. eintreten muß. — K. erlangen lassen, verschaffen.

m. **संप्र** erlangen, erreichen, herbeiholen; pp. erlangt, gekommen.

m. **वि** hindurchreichen, füllen, in Besitz nehmen.

m. **सम्** erlangen; vollenden.

आपि m. Verbündeter, Freund.

आपोद m. Name eines Weisen.

आय m. d. Herbeikommen, Zufluß.

आयतन n. heil. Stätte, Kapelle.

आयुध n. Waffe.

आयुस् n. Leben, Lebenszeit; Lebendes, Lebewesen, Lebewelt.

आराम m. Garten.

आरुणि m. Name eines Schülers des *Āpoda*.

आरोहक m. Reiter, Lenker.

आर्त betroffen, bedrängt, gequält; in Not, leidend; verletzt, krank.

आर्द्र feucht, naß.

आलय m. Wohnung, Behausung. EKBah. irgendwo wohnend.

आलाप m. Gespräch, Anrede.

आलिङ्ग् (*āliṅgati* u. °*te*) umfangen, umarmen.

m. **सम्** dass. w. d. Simpl.

आवाम् Pron. d. 1. Pers. Du. wir zwei.

आविद्ध s. **व्यध्** m. **आ**.

आवेश m. d. Eingehen, Eingang.

आशङ्का f. Furcht, Besorgnis.

आशय m. Stätte, Ort.

आशु schnell, flink, schleunig; m. Roß.

आशुग schnell gehend, behende.

आश्चर्य n. Wunder, Verwunderung.

आश्रम m. Einsiedelei; Stadium im Leben des Brahmanen (es sind deren drei: Leben als Hausvater, als Eremit, als Asket. Vorher geht das als Schüler).

आश्वयुज m. Name eines Monats in der Regenzeit.

आस् § 106.4b (*ā́ste; āsām cakre; āsiṣyate;* Inf. *āsitum;* Pass. *āsyate*) sitzen, bleiben, wohnen, verweilen.

m. सम् zusammen sitzen m. jem.

आसन n. das Sitzen, Sitz.

आसन्न pp. von सद् m. आ; nahe.

आस्था f. Hoffnung, Vertrauen. -*āṃ bandh* Hoffnung setzen auf, hoffen.

आस्पद n. Stelle, Sitz; Gegenstand.

आह def. Pf. § 116. 4 sagen, sprechen, erwidern; anreden; nennen, bezeichnen.

m. प्र dass. wie das Simpl.

आहव m. Kampf.

आहवनीय m. eines der drei heil. Feuer, das Ostfeuer.

आहार m. das Zusichnehmen; Essen, Nahrung, Speise.

आहित s. धा m. आ.

आह्वान n. das Anrufen, Herbeirufen.

इ *i*

इ § 102 (*éti*, 3. Pl. *yanti; iyāya*, 3. Pl. *īyuḥ; eṣyati;* pp. *ita-;* Inf. *etum*, ved. *étoḥ;* Ger. °*itya*) gehen, kommen, gelangen; mit Akk. eines Abstr. etw. werden.

m. अति vergehen. pp. *atīta-* s. bes.

m. अधि studieren. K. s. § 151. 2.

m. अनु nachgehen, folgen, begleiten. pp. *anvita-* mit etw. versehen.

m. समनु dass.

m. अभि hinzugehen, kommen.

m. अव hingehen zu.

m. आ (Imp. *ehi*, Ger. *etya*) hingehen, herbeikommen, kommen, jem. aufsuchen.

m. समा zusammenkommen. pp. *sameta-* vereinigt.

m. उद् aufgehen (v. Gestirnen).

m. उप hinzugehen, besuchen. pp. *upeta-* versehen m. etw.

m. परि herumgehen.

m. विपरि pp. *viparīta-* s. bes.

m. प्र hinscheiden, sterben.

m. प्रति entgegenkommen, herankommen.

m. वि auseinandergehen. pp. *vīta-* s. bes.

m. सम् zusammenkommen, zusammentreffen, kommen zu ...

m. अस्तम् untergehen (v. Gestirnen).

इत् Partikel eben, gerade.

इतः von hier, von da, daher. *itastataḥ* hierhin und dorthin, hin und her, überall.

इति so, also; a. E. einer direkten Rede oder hinter Namen oder einzelnen Wörtern; nach Anführungen, die jem.'s eigene Worte oder Gedanken sind = so sprechend, denkend usw. *ityevam* so.

इत्थम् so, auf diese Weise.

1. इदम् § 78, Pron. dem. dieser, der da, der folgende.

2. इदम् indekl. jetzt, hier.

इदानीम् jetzt.

इन्द्र m. Fürst; N. eines Gottes.

इन्द्रिय n. Sinn.

इन्धन n. Brennholz.

इव enkl. wie, gleichwie; gleichsam, etwa, wohl.

1. **इष्** (*íṣyati;* Pf. ā. 3. Pl. *īṣire;* Aor. *aiṣīt;* pp. *iṣita-*) schleudern, (Geschosse) entsenden; pp. angeregt.

m. **प्र** senden, abschicken. K. *preṣayati* dass.

2. **इष्** § 96. 2 c (*icchāti* u. °*te;* Impf. 3. Si. *aicchat; iyeṣa; eṣiṣyati;* pp. *iṣṭa-*) wünschen, begehren, erstreben.

m. **अनु** suchen, aufsuchen. pfp. *anveṣya-*.

इषु mf. Pfeil.

इष्टका f. Backstein.

इष्ट pp. vom 2. **इष्** od. von **यज्**.

इष्टि f. Opfer.

इह hier.

ई *ī*

ईक्ष् (*īkṣate; īkṣāṃ cakre; aikṣiṣṭhāḥ; īkṣiṣyate;* Pass. *īkṣyate,* pp. *īkṣita-*. Inf. *īkṣitum*) sehen, betrachten.

m. **अव** hinsehen auf, erblicken; berücksichtigen, erwägen.

m. **अन्वव** u. **समव** dass.

m. **उद्** emporblicken.

m. **समुद्** schauen, ansehen.

m. **निस्** anschauen, betrachten, besichtigen.

m. **परि** herumsehen, prüfen.

m. **प्र** ansehen, erblicken.

m. **संप्र** dass.

m. **प्रति** zusehen, warten, abwarten, ruhig ertragen.

m. **वि** wahrnehmen, erwarten.

m. **सम्** erwägen. pp. *asamīkṣita-* unüberlegt.

m. **प्रसम्** ansehen, erblicken.

ईड् (1. Si. *īḻe* § 2, Note; pfp. *īḍya-*) preisen, verehren.

ईदृश् u. **ईदृश**, f. *ī*, so beschaffen, solch.

ईप्स् Des.-St. zu **आप्**.

ईम् verstärkende Partikel.

ईर् (*īrte;* K. *īrayati*, pp. *īrita-*) sich in Bewegung setzen, gehen. K. in Bewegung setzen, antreiben, werfen, treffen.

m. **प्र** dass.

ईश m. Herr, Gebieter.

ईश्वर m. Herr, Gebieter, Gott.

ईह् (*īhate; īhāṃ cakre;* pp. *īhita-*) streben nach, begehren.

उ *u*

उ enklit. Partikel.

उक्त u. **उक्त्वा** pp. u. Ger. von **वच्**.

उक्ति f. Wort, Rede.

उक्ष् (*ukṣáti; aukṣat;* pp. *ukṣita-*) besprengen, beträufeln.

m. **सम्** besprengen, ausgießen.

उग्र gewaltig, furchtbar.

उच् (*úcyati; uvoca;* pp. *ucita-*) gerne tun. pp. angemessen, passend.

उच्चैः hoch, laut, mit lauter Stimme.

उच्य Pass.-St. zu **वच्**.

उञ्छवृत्ति von der Nachlese lebend.

उत und auch.

उत्तम der höchste, beste, überlegen.

उत्तमाङ्ग n. der beste Körperteil, Haupt.

उत्तर höher, besser, nördlich; n. Antwort, Gegenrede.

उत्ताप m. Hitze; Übereifer.

उत्था s. **स्था** m. **उद्**.

उत्पल n. Lotosblume.

उत्पात m. Unglück verheißende Erscheinung.

उत्सङ्ग m. Schoß.

उत्सव m. Fest.

उत्साह m. Wille, Entschluß.

उद् aus, heraus, empor.

उदक n. Wasser.

उदधि m. Ozean.

उदपान mn. Brunnen.

उदार erhaben, edel.

उदित pp. von **वद्**.

उद्दालक m. Beiname des *Āruṇi*.

उद्देश m. Gegend.

उद्भव m. Ursprung. EKBah. irgendwo gewachsen.

उद्यान n. Garten, Park.

उद्योग m. Anstrengung, Fleiß.

उद्वेग m. Aufregung.

उप zu, auf, hin zu (Akk.).

उपकार m. Dienst, Beistand. °*rāt* um einen Dienst zu erweisen.

उपचार m. Dienst, Beistand; ärztl. Behandlung, Kur.

उपजीविन् von etwas lebend.

उपधर्म m. untergeordnete Pflicht.

उपभोग m. d. Genießen, Genuß.

उपमन्यु Name eines Schülers des *Āpoda*.

उपमा f. Ähnlichkeit. EK. °*upama-* dem u. dem ähnlich.

उपरि oben, über, oberhalb (m. Akk. G.).

उपरोध m. Hemmung, Störung, Beeinträchtigung.

उपाध्याय m. Lehrer, Meister.

उपाय m. Mittel, Hilfsmittel, Art und Weise.

उपायन n. Hilfe.

उपार m. Verirrung, Verfehlung.

उपार्जन n. und **°ना** f. Erwerb.

उप्त pp. von **वप्**.

उभ, Du. **उभौ** beide.

उभय, Pl. **°याः** beide (Parteien).

उभयतः auf beiden Seiten von (G.).

उरग m. Schlange, Schlangendämon.

उरु, f. *urvī*, weit, breit.

उरुशंस weithin preisend, laut rühmend.

उर्वशी f. Name einer Nymphe.

उर्वी f. Erde, Erdreich.

उलूखलिक etw. als Mörser (*ulūkhala-*) gebraucheud.

उल्बण massig, ungeheuer.

उषस् § 64, N. 2, f. Morgenröte.

उष्ट्र m. Kamel.

उष्ण heiß; n. Hitze.

ऊ *ū*

ऊढ pp. von **वह्**.

ऊति f. Hilfe.

ऊर्ध्व aufgerichtet, aufrecht, hoch. *-am* in die Höhe, empor.

ऊह् (*ū́hati: auhīt: pp. ūḍha-* u. *ūhita-*) schieben, rücken.
m. **अप** beseitigen.

ऋ *ṛ*

ऋ (*ṛccháti, íyarti* u. *ṛṇóti; āra: pp. ṛta-: K. arpayati*) sich bewegen, wohin gehen, geraten. K. bewegen, stellen, setzen, legen; geben.
m. **आ** wohin geraten. pp. *ārta-* s. bes.
m. **सम्** zustande kommen. K. übergeben.

ऋक्ष m. Bär; mn. Sternbild.

ऋच् f. Vers, Lied, Gedicht.

ऋत n. heilige Ordnung, Recht, Kultus.

ऋतु m. (bestimmte) Zeit.

ऋते ohne, außer (m. Ab. G.).

ऋत्विज् zur regelmäßigen Zeit opfernd; m. Priester.

ऋषभ m. Stier. EK. der beste, edelste unter . . .

ऋषि m. Weiser, Seher.

ऋष्व hoch, ragend.

ए *e*

एक § 73. 1 ein, ein einziger; auch = unbest. Artikel.

एकक einzig, allein.

एकत्र an einem Ort, zusammen.

एकदा einst, einmal.

एकरूपता f. Gleichförmigkeit, Gleichmäßigkeit.

एकाकिन् allein, einsam.

एकादश, f. *ī*, der elfte.

एकायन n. Einsamkeit.

एतद् § 77, Anm. 1. Pron. dem. dieser.

एनद् § 77, Anm. 2. Pron. dem. jener, der da.

एनस् n. Sünde, Frevel. *e. dhā* eine Sünde begehen.

एव so, gerade, eben, schon; hebt das vorhergehende Wort hervor. *tathaiva* ebenso; *tatraiva* eben dort; *naiva* durchaus nicht usw.

एवंविध so beschaffen, solch.

एवंगते unter solchen Umständen.

एवम् so, auf diese Weise. *evam eva* gerade so.

एष, एषः Pron. dem. s. **एतद्**.

ओ *o*

ओकस् n. Wohnsitz, Behausung. EKBah. irgendwo wohnend.

ओघ m. Flut, Strom.

ओजस् n. Macht, Stärke.

ओजाय् (°*yate*) Denom. sich anstrengen, sich bemühen.

ओषधि u. °धी f. Pflanze, Heilkraut.

औ *au*

औत्सुक्य n. Eifer.

औदक im Wasser gewachsen.

औपनिषद, f. *ī*, in einer Upaniṣad (d. h. einem für Eremiten bestimmten Schriftwerk) enthalten.

औषध n. Heilmittel, Arznei.

क *k*

क St. d. Pron. interr. s. किम्.

कच्चित् Fragepart. *kaccinna* = nonne.

कञ्चुकिन् m. Kämmerer, Diener im Frauengemach.

कटाक्ष m. (verliebter) Seitenblick.

कटु scharf, beißend.

कणप m. eine Art Lanze.

कण्टक m. Dorn.

कण्ठ m. Hals, Kehle.

कण्व m. Name eines ber. Weisen.

कतिपय, f. *ī*, *ā*, etliche, einige.

कथम् wie? auf welche Weise? *kathamapi, kathaṃcit* irgendwie, zufällig, mit Mühe, kaum. *na kathaṃcit* auf keine Weise, durchaus nicht.

कथय् (i. Gr. *kath*) Denom. (*katháyati*; Pass. *kathyate*, pp. *kathita-*) erzählen, berichten, sagen.

कदन n. Vernichtung, Morden.

कदा wann? *kadācit, -cana, -pi* irgend einmal, vielleicht. *na kadācit* niemals.

कनीयस्, कनिष्ठ § 69 jünger; der jüngste.

कन्यका f. Mädchen, Tochter.

कन्या dass. wie das vor.

कपालिका f. Scherbe.

कम् (*kāmayate; cakame; kamiṣyate;* pp. *kānta-*) lieben.

कमल n. Lotosblume.

कम्प् (*kámpate;* K. *kampayati*) zittern, beben. K. erbeben machen, erschüttern.

कर, f. *ī*, machend, bewirkend; m. Hand.

करण n. das Machen, Tun.

करीष mn. trockener Kuhmist.

करेणुक m. kleiner Elefant.

कर्ण m. Ohr.

कर्णपरंपरा f. das von-Ohr-zu-Ohr-Gehen.

कर्णय् Denom. m. आ (*ākarṇayati;* Ger. *ākarṇya*) hinhorchen, hören, vernehmen.

कर्तृ m. Täter, Macher, Unternehmer, Verfasser.

कर्पूर mn. Kampfer.

कर्मकरी f. Dienerin, Magd.

कर्मन् n. Werk, Tat.

कल् (*kaláyati*) zählen, denken. m. आ dass. wie das Simpl.

कलङ्किन् befleckend, verunehrend.

कलह m. Streit, Hader.

कवक n. Pilz.

कवि weise; m. Weiser, Dichter.

कविक्रतु die Einsicht eines Weisen besitzend.

कस् (*kásati;* pp. *kasita-*) gehen.
 m. **वि** aufgehen, aufblühen.

कस्तूरिका f. Moschus.

काक m. Krähe. f. **काकी**.

काम m. Begierde, Wunsch, Liebe; Liebesgott. EKBah. den Wunsch nach etw. hegend, etw. wünschend.

काम्य begehrenswert.

काय m. Leib, Körper.

कारक m. Macher, Verfertiger.

कारण n. Ursache, Grund.

कार्मुक n. Bogen. Denom. **कार्मुकायते** gleicht einem B.

कार्य pfp. v. 1. **कृ**; n. Werk, Tat.

कार्ष्णायस, f. *ī*, eisern.

काल m. Zeit; Tod, Todesgott. *-lena, -lāt* mit der Zeit. *tatkālam* in dieser Zeit.

काश् (*kāśate; cakāśe* od. *kāśām āsa*) leuchten.
 m. **प्र** hervorleuchten; offenbar werden, sichtbar werden.

काष्ठ n. Holz, Holzstück.

किंशुक m. ein best. Baum.

किंनर, f. *ī*, eine best. Art mythischer Wesen.

किम् § 80. 1 Pron. interr. wer? was? welcher? *kasmāt, kim, kimartham* warum? *kena* womit? — *kaścít, kaścana, ko'pi* irgend einer, ein; n. irgend etwas. *na kaścit, kaścinna* usw. keiner; *na kiṃcit* usw. nichts.

किम् Fragepart. *kiṃ vā* oder (in der Doppelfr.); *kiṃ tu* aber, auch; *kiṃ punaḥ* geschweige denn; *kiṃ na* nonne?

कियत् wie groß? wie viel?

कियन्मात्र welches Maß besitzend, d. h. klein, gering.

किरीट mn. Diadem.

किल Part. ja, bekanntlich.

कीटिका f. Wurm.

कीदृश, f. *ī*, wie beschaffen? was für ein?

कीरि m. Sänger.

कीर्ण pp. vom 2. **कृ**.

कीर्ति f. Ruhm.

कील m. Pflock, Keil.

कुटुम्ब u. **°म्बक** n. Familie, Hausstand, Haus.

कुट्ट, f. *ī*, zermalmend, zerkleinernd.

कुतः woher? wie?

कुन्त m. Speer, Spieß.

कुप् (*kúpyati* u. *-te; cukopa, akupat;* pp. *kupita-;* K. *kopayati;* pp. *kopita-*) in Bewegung sein; zürnen. K. in Zorn versetzen.
 m. **प्र** in Bewegung geraten, erschüttert werden.

कुब्जक m. eine Pflanze, Wassernuß.

कुरुक्षेत्र n. das Feld der Kuru, Name eines Landstriches.

कुल् s. आकुलय् u. व्याकुलय्.

कुल n. Familie, Haus, Geschlecht.

कुसुम mn. Blume.

कुह wo?

कूप m. Grube, Brunnen.

कूर्म m. Schildkröte.

1. **कृ** § 110. 2 (*karóti* u. 3. Pl. *kurvánti*, ved. *kṛṇóti; cakāra* u. *cakre*, ppf. *cakṛvas; akārṣīt, akaḥ* u. *akṛta; kariṣyati;* Pass. *kriyate*, aor. *akāri;* pp. *kṛta-* (*-te* s. bes.), pfp. *kārya-, kartavya-, kṛtya-;* K. *kārayati, -te;* Des. *cikīrṣati*, pp. *-ṣita-*. Inf. *kartum*, ved. *kártoḥ;* Ger. *kṛtva* u. °*kṛtya*) machen, tun, bereiten, erzeugen. K. machen lassen, veranstalten, vollziehen. Des. zu tun wünschen.
 m. **आ** herbeibringen.
 m. **व्या** sondern, scheiden.
 m. **उप** helfen, unterstützen.
 m. **वि**, pp. *vikṛta-* s. bes.
 m. **अरम्** dienen.

2. **कृ** (i. Gr. *kṝ*) § 96. 2a; 140. 3; 148. 4 (*kiráti; cakāra; akārīt; kariṣyati;* Pass. *kīryate*, pp. *kīrṇa-;* Ger. °*kīrya*) ausstreuen, überstreuen, überschütten.
 m. **समवा** bedecken, erfüllen.

कृत् § 96. 2 b (*kṛntáti; cakarta; akartīt; kartsyati* u. *kartiṣyati;* pp. *kṛtta-;* K. *kartayati*, pp. *kartita-*) schneiden, spalten. K. dass.
 m. **नि** zerhauen, niedermetzeln.
 m. **वि** K. zerreißen, aufreißen.

कृतान्त das Ende herbeiführend; m. Schicksal, Todesgott.

कृते wegen, um ... willen.

कृत्य pfp. v. 1. **कृ** was zu tun ist; n. Unternehmen, Werk.

कृत्रिम erkünstelt, erdichtet.

कृत्स्न ganz, all.

कृपण elend, jammervoll.

कृश mager, schwach.

कृष (*kárṣati* od. *kṛṣáti* u. °*te; cakarṣa; karkṣyati* u. *krakṣyati;* pp. *kṛṣṭa-;* K. *karṣayati;* Inf. *kraṣṭum*) ziehen, schleppen; furchen, ackern, bebauen.
 m. **अप** entziehen, wegnehmen, rauben.
 m. **प्र** vorwärts ziehen.
 m. **विप्र** pp. weit, entfernt.

कृष्ण schwarz, dunkel; m. die dunkle Monatshälfte; m. Name eines Helden, ist den Pāṇḍuiden verbündet, Inkarnation des Viṣṇu. Du. *kṛṣṇau* = Kṛṣṇa und Arjuna.

कॢप् (*kálpate; caklpe; kalpsyate;* pp. *klpta-;* K. *kalpayati*) in Ordnung sein, sich fügen; gereichen zu (D.). K. in Ordnung bringen, machen, bewerkstelligen; zuteilen.
 m. **उप** K. zu etw. bestimmen, ausersehen; hergeben.

केत m. Verlangen, Wunsch.

केदार m. (künstlich bewässertes) Feld.

केवल ausschließlich; ausschließlich eigen; *-am* nur.

केश m. Haupthaar.

केशरिन् mit einer Mähne ausgestattet, bemähnt.

केशव langhaarig, Bein. Kṛṣṇas.

कैवर्त m. Fischer.

कोप m. Zorn.

कोलाहल m. Geschrei.

कोविद kundig, erfahren.

कौतुक n. Begierde, Neugier; Hochzeitskranz.

कौलिक m. Weber.

कौस्तुभ mn. N. eines Juwels, das Viṣṇu an seiner Brust trägt.

क्रतु m. Kraft, Geisteskraft.

क्रन्दस् n. Schlachtreihe.

क्रम् § 96. 1 b (*krā́mati* u. *krā́mate; cakrāma* u. *cakrame; akramīt* u. *akraṃsta-; kramiṣyati;* pp. *krānta-;* Int. *caṃkramīti* u. °*myate*) gehen, schreiten. Int. sich ergehen, umhergehen.

m. अति überschreiten; (v. d. Zeit) vergehen, verstreichen.

m. आ herankommen.

m. उप herangehen an, beginnen.

m. निस् (*niṣkram*) herausgehen, fortgehen.

m. प्र herangehen an, beginnen.

क्रम m. Schritt, Gang; Reihe. *-māt* in der Folge. *kramaśaḥ* der Reihe nach, allmählich.

क्रिया f. Werk, Handlung, Ausführung, Zeremonie.

क्री (*krīṇā́ti* u. *krīṇīté*) kaufen.

m. वि handeln, verkaufen, erhandeln.

क्रीड् § 89. 3 (*krī́ḍati; cikrīḍa; akrīḍīt; krīḍiṣyati;* pp. *krīḍita-*) spielen, scherzen.

क्रीडा f. Spiel, Scherz, Sport.

क्रुध् (*krúdhyati; cukrodha; akrudhat; krotsyati;* pp. *kruddha-*) zürnen.

m. सम् dass. wie das Simpl.

क्रोध m. Zorn.

क्लिश् (*kliśnā́ti; cikleśa;* Pass. *kliśyate,* pp. *kliṣṭa-*) quälen. Pass. sich quälen, leiden.

क्लेश m. Mühsal, Beschwerde.

क्व wo? wohin? *kvacit* irgendwo.

क्वथ् (*kvā́thati;* pp. *kvathita-;* K. *kvāthayati*) sieden. K. zum Sieden bringen.

क्षण m. Zeitpunkt, Augenblick. *-āt, -ena* im Augenblick, sogleich. *tatkṣaṇāt* dass.

क्षत्रिय m. Krieger.

क्षम् (*kṣámate* u. *-ti; cakṣame; kṣaṃsyate;* pp. *kṣānta-* u. *kṣamita-;* Inf. *kṣantum*) ertragen; nachsehen, verzeihen.

क्षम ertragend, fähig; erträglich.

क्षय m. Ende, Ausgang, Mangel, Vernichtung.

क्षार von brennendem, ätzendem Geschmack.

क्षि (*kṣéti* u. *kṣiyáti*, pprs. *kṣiyat-*) wohnen, hausen.

m. **अधि** sich ausbreiten über (Akk.).

क्षिप् (*kṣipáti* u. *-te; cikṣepa; akṣaipsīt; kṣepsyati;* pp. *kṣipta-;* Inf. *kṣeptum*) werfen, schleudern. *kālaṃ kṣip* Zeit zu gewinnen suchen.

m. **अन्तर्** hineintun, hineinlegen.

m. **उद्** u. **समुद्** aufheben.

m. **नि** hinlegen, übergeben, anvertrauen (m. L.).

क्षीरिन् Milchsaft enthaltend.

क्षुद्र klein, gering, niedrig.

क्षुध् f. Hunger.

क्षुभ् (*kṣóbhate, kṣúbhyati* u. *kṣubhnā́ti;* K. *kṣobhayati*) in Bewegung geraten. K. erregen.

क्षुर m. Schermesser.

क्षेत्र n. Grundstück, Feld.

क्षेप m. das Werfen, Hinausziehen, Aufschub.

क्षेम ruhig, wohnlich; mn. Ruhe, Sicherheit, sicherer Besitz.

ख *kh*

ख n. Luftraum, Himmel.

खण्ड zertrümmert, zerfallen; mn. Bruch, Lücke. *khaṇḍaśaḥ* in Stücke, zu Stücken.

खण्डन n. Verletzung.

खण्डय् (i. Gr. *khaṇḍ*) Denom. (*khaṇḍáyati;* pp. *khaṇḍita-*) zerschmettern, zerbeißen, zerstückeln, verletzen.

खन् (*khánati* u. *-te; cakhāna;* pp. *khāta-;* Inf. *khanitum*) graben, ausgraben.

m. **नि** eingraben, vergraben.

खर m. Esel.

खलु Part. freilich, doch, ja.

खाण्डव m. Name eines dem Indra geheiligten Waldes.

खाद् (*khā́dati; cakhāda; akhādīt; khādiṣyati;* pp. *khādita-*) essen, verzehren.

खादन n. das Essen.

खिद् (*khindáti*, ved. *khidáti; cikheda; khetsyati;* pp. *khinna-;* K. *khedayati*) stoßen, drücken. K. bedrängen, verfolgen.

ख्या (*khyā́ti; cakhyau; akhyat; khyāsyati;* Pass. *khyāyate,* pp. *khyāta-*) schauen.

m. **अभि** erschauen, erfahren.

ग *g*

°ग EK. gehend, irgendwohin gegangen, irgendwo befindlich.

गगण n. Himmel, Luft.

गङ्गा f. Name des Flusses Ganges.

गज m. Elefant.

गण m. Schar, Menge.

गणना f. das Zählen; Erwägung.

गणय् (i. Gr. *gaṇ*) Denom. (*gaṇáyati;* pp. *gaṇita-*) zählen, ausrechnen.

गत pp. von **गम्**.

गति f. Gang, Lauf; Weg.

गद् (*gádati: jagāda; agădīt;* Pass. *gadyate*) sprechen, nennen.

गदा f. Keule.

गद्गद n. Gestammel.

गन्ध m. Geruch, Duft.

गन्धर्व m. eine Art himmlischer Wesen in Indras Gefolge.

गभीर tief.

गम् § 96. 1 d (*gácchati* u. *-te;* ved. auch *gámati, gánti* u. *jaganti; jagāma* u. 3. Pl. *jagmuḥ; agamat* § 124; *gamiṣyati;* Pass. *gamyate*, pp. *gata-*, pfp. *gantavya-;* K. *gamayati;* Des. *jigāṃsate* u. *-ti*. Inf. *gantum;* Ger. *gatvā*, °*gamya* u. °*gatya*) gehen, sich begeben, hingehen (m. Akk. L.); vergehen; sich entfernen; (m. Akk. eines Abstr.) etwas werden. pp. irg. wohin gegangen, gelangt, irgendwo befindlich; entschwunden. K. gelangen lassen, irg. wohin bringen, führen.

m. **अनु** nachgehen, folgen.

m. **अव** einsehen, verstehen.

m. **आ** hingehen zu, losgehen auf, kommen, herbeikommen, mitkommen. pp. s. bes.

m. **उद्** aufgehen (v. Gestirnen).

m. **उप** hinzugehen; (m. Akk. eines Abstr.) etw. werden.

m. **निस्** heraus-, fortgehen, entkommen, ausziehen.

m. **विनिस्** dass.

गरीयस् u. **गरिष्ठ** Komp. u. Superl. zu **गुरु**.

गरुड m. Name des Vogels des Viṣṇu, König der Vögel.

गरुत्मत् m. dass. wie das vor.

गर्भ m. Leibesfrucht, Kind.

गर्व m. Hochmut, Stolz.

गर्ह् (*gárhate* u. *-ti* u. *garháyate* u. *-ti; jagarha* u. *-he; garhiṣyati;* pp. *garhita-*) tadeln; bereuen.

गव s. **गो**.

गवेषिन् suchend.

गा (*jígāti;* Aor. *agāt* u. 3. Pl. *agan*, Imp. 2. Si. *gahi* u. *gadhi*) gehen.

m. **आ** herbei-, herzukommen.

गाण्डीव mn. N. von Arjunas Bogen, von Soma dem Varuṇa, von diesem dem Agni, von Agni dem Arjuna geschenkt.

गात्र n. Glied.

गान्धर्व von den Gandharva stammend. *g. vivāha-* eine best. Eheform, nach der sich das Paar ohne weitere Zeremonie verbindet.

गार्हपत्य m. eines der drei heil. Feuer, das Feuer des Hausherrn.

गिर् § 53. 1, Anm. 1, f. Stimme, Wort, Lied, Gesang.

गिरि m. Berg.

गुण m. Eigenschaft, Tugend, Wert.

गुणवत् tugendhaft.

गुरु § 68 schwer, gewichtig, angesehen; m. Lehrer.

गुल्म mn. Strauch, Busch.

गुहा adv. im Versteck; *g. kr̥* verstecken, verbergen.

गॄ (i. Gr. *gr̥̄*) § 96. 2a; 140. 3; 148. 4 (*giráti; jagāra; ajīgar;* pp. *gīrṇa-*) verschlingen.

m. **उद्** ausspeien, ausspritzen, ausgießen.

m. **नि** verschlingen.

गृत्स gierig, verlangend.

गृह n. Wohnstätte, Haus.

गृहमेधिन् die Hausopfer vollziehend, fromm.

गृहस्थ m. Hausherr, Hausvater.

गृहिन् dass. wie das vor.

गृह्य häuslich, Haus-.

गेहिनी f. Hausfrau, Gattin.

गो § 50; 174. 5 mf. Rind, Kuh.

गोचर m. Feld, Bereich. EK. irgendwo wohnend.

गोत्र n. Familie.

गोप m. Hirte, Hüter.

गोपा m. Hüter.

गोपाल m. Hirte, Hüter.

गौरव n. Ansehen, Würde.

ग्रास्पति m. Herr der Frauen.

ग्रस् (*grásati* u. *-te; agrasīt;* pp. *grasta-*) verschlingen, hinunterschlucken.

ग्रह् (ved. meist *grabh*) (*gr̥hṇā́ti* u. *-ṇīté*, Imp. 2. Si. *gr̥hāṇa: jagrāha* u. 3. Pl. *jagr̥huḥ; agrahīṣam, -hīḥ, -hīt; grahīṣyati* u. *-te;* Pass. *gr̥hyate,* pp. *gr̥hīta-;* K. *grāhayati:* Des. *jighr̥kṣati.* Inf. *grahītum;* Ger. *gr̥hītvā*, °*gr̥hya*) ergreifen, nehmen, fassen, annehmen, in Empfang nehmen, erwerben.

m. **अनु** (gütig) aufnehmen, beglücken.

m. **उप** erfassen, an-, aufnehmen.

m. **प्र** ergreifen.

m. **प्रति** erfassen, packen, nehmen, empfangen.

m. **सम्** ergreifen.

ग्रह m. Ergreifer; Dämon; Planet.

ग्राम m. Dorf, Gemeinde.

ग्रामेयक u. **ग्राम्य** dörflich, Dorf-.

ग्रावन् m. Stein; Preßstein.

ग्रास m. Mundvoll, Bissen.

ग्रीष्म m. Sommer.

घ *gh*

घट् (*ghaṭate;* K. *ghaṭayati* u. *ghāṭ-*) sich bemühen. K. zusammenfügen, verfertigen.

m. **उद्** K. öffnen; verraten.

घट u. **घटक** m. Topf.

घन stark, fest, arg; dicht.

घात m. Schlag, Bruch, Vernichtung. S. **विश्वासघात**.

घातिन् EK. tötend, mordend.

घूर्ण् (*ghūrṇáti* u. *ghúrnate*) zappeln, zucken.

घृत n. zerlassene Butter.

घोर furchtbar, schrecklich.

घोष m. Lärm, Getöse.

घ्राण n. Geruchssinn, Nase.

च *c*

च enkl. und, auch; aber. *ca* — *ca* sowohl — als auch.

चक्र n. Rad; Wurfscheibe, Diskus.

चक्ष् (*cáṣṭe; cacakṣe*) schauen, gewahren; ansagen.

m. **आ** melden, berichten.

चक्षुष्मत् mit Augen begabt, sehend.

चक्षुस् n. Auge, Augenlicht.

चंक्रम्य St. des Int. von **क्रम्**.

चतुर् § 73. 7 vier.

चतुर्थ, f. *ī*, der vierte.

चतुर्थकालिक die vierte Zeit (beim Essen) einhaltend, nur jedes vierte Mal essend.

चतुर्भुज vierarmig.

चत्वारिंश, f. *ī*, der vierzigste.

चन enkl. Part., nicht einmal. S. auch unter **किम्**.

चन्दन mn. Sandelholz.

चन्द्र m. Mond.

चन्द्रमस् § 63, Anm. Mond.

चन्द्रवती weibl. Eigenname.

चर् (*cárati; cacāra* u. *cere; acārīt; cariṣyati*; pp. *carita-*, s. bes., u. *cīrṇa-*; K. *cārayati*. Inf. *cartum*) gehen, wandern; tun, verfahren, vollziehen, üben. *bhaikṣaṃ c.* auf Almosen ausgehen, betteln.

m. **आ** sich nähern.

m. **समा** auf etw. eingehen; etw. tun, ausüben, hegen und pflegen.

m. **उप** hinzutreten, jem. bedienen, ärztlich behandeln. K. behandeln lassen.

m. **निस्** herausgehen, entkommen.

m. **वि** sich verbreiten; sich aufmachen, angreifen. K. im Geist bewegen, erwägen.

m. **सम्** zusammengehen. K. in Bewegung setzen; übertragen, übergeben.

°चर, f. *ī*, EK. irgendwo gehend, wandelnd, sich aufhaltend.

चरण mn. Fuß.

चरित gegangen; n. das Gehen, Tun; Tat, Verfahren, Handlung.

चरु m. Opferspeise, Opfermus.

चर्मन् n. Haut, Fell.

चर्या f. Tun, Verrichtung, Methode.

चल् (*cálati; acālīt; caliṣyati*; pp. *calita-*; K. *calayati* u. *cāl-*) sich bewegen, gehen, schwanken.

m. प्र irg. wohin gehen, aufbrechen.

चातुर्मास्य n. Name eines alle vier Monate darzubringenden Opfers.

चान्द्रायण n. Name einer Askese, bei der man bei zunehmendem Mond täglich einen Bissen mehr, bei abnehmendem Mond täglich einen Bissen weniger ißt.

चाप mn. Bogen.

चारण m. Bänkelsänger.

चारिन् gehend, sich bewegend, sich tummelnd.

चि (*cinóti* u. *-nute*, ved. auch *cikéti; cicāya* und *cikāya; acait; ceṣyati;* Pass. *cīyate*, pp. *cita-;* K. *cāyayati* u. *cāp-*. Ger. °*citya*) sammeln.

m. आ pp. *ācita-* beladen, bedeckt, bespickt.

m. नि wahrnehmen, bemerken.

m. निस् auslesen; sich entschließen, festsetzen, ausmachen.

m. वि auslesen, sondern; prüfen, suchen.

m. सम् ansammeln.

चिकित्सक m. Arzt.

चिकीर्ष् Des.-St. zu कृ.

1. चित् (*cétati* u. *cikétti; ciceta* u. *ciketa*, ppf. *cikitvas;* K. *cetayati* und ved. *citáyati*) wahrnehmen, bemerken; ppf. kundig, wissend. K. belehren.

2. चित् enkl. Partikel, auch, sogar. S. auch unter किम्.

चित्त n. Denken, Gedanke, Sinn.

चित्रभानु hell scheinend; m. Feuer.

चित्रश्रवस् dessen Ruhm laut ist, laut gepriesen.

चिन्त् (*cintáyati;* pp. *cintita-*) denken, nachdenken.

m. वि nachdenken, erwägen.

चिर lang. *-am, -āt* lange, spät.

चिरज alt.

चिह्न n. Zeichen, Merkmal.

चिह्नित EK. gekennzeichnet d. etw., m. etw. versehen.

चीर n. Baumrinde.

चुद् (*códati;* K. *codayati*) K. antreiben.

चेटिका u. चेटी f. Dienerin, Magd.

चेत् wenn, wann. *no cet* s. bei नो.

चेतना f. das Denken, Besinnung.

चेतस् n. Sinn, Herz, Verstand.

चेष्ट् (*céṣṭati* u. *-te*) zappeln.

m. वि sich winden, s. krümmen.

चेष्टित n. Tun und Treiben, Werk, Kunst.

चोदितृ m. Förderer.

चौर m. Dieb; चौरी f. Diebin.

च्यवन sich bewegend, erschüttert.

च्यु (*cyávate; cucyuve; acyoṣṭa: cyoṣyate;* pp. *cyuta-*) sich bewegen, schwanken; Akt. in Bewegung setzen, erschüttern.

°च्युत EK. erschütternd. S. अच्युत.

छ *ch*

छत्त्र n. Sonnenschirm.

छद् (*chādáyati:* pp. *channa-* u. *chādita-*) bedecken, verstecken.

m. उप, प्र, सम् dass. wie das Simpl.

छिद् (*chinátti; ciccheda; chetsyati;* pp. *chinna-;* K. *chedayati*) spalten, zerhauen, abhauen.

m. सम् spalten, zerschneiden.

छिद्र n. Spalt, Loch, Lücke.

ज *j*

°ज EK. geboren, entstanden.

जगत् n. und जगती f. Welt.

जटा f. Flechte, Haarflechte.

जटिन् Flechten tragend.

जन् (trans. *jánati* u. *jájanti;* intr. *jā́yate* § 96. 3 a; *jajāna* u. *jajñe; ajaniṣṭa; janiṣyati* u. *-te;* pp. *jāta-;* K. *janayati,* pf. *janayām cakāra,* pp. *janita-*) tr. gebären, erzeugen, hervorbringen; intr. geboren werden, wachsen, entstehen, werden. K. wie Trans.

m. प्र intr. entstehen, hervorgehen.

m. सम् intr. entstehen, werden, eintreten (von Ereignissen).

जन m. Geschöpf, Mann, Mensch. Pl. u. Koll. Leute, Untertanen.

जनपद m. Volksgemeinde, Land.

जनुस् n. Schöpfung.

जन्मन् n. Geburt, Ursprung; Geschöpf.

जन्य von gleicher Sippe; m. Brautführer.

जय m. Sieg; Name eines Gottes.

जरितृ m. Sänger, Dichter.

जर्जरित zerfetzt, verstümmelt, hart mitgenommen, geschwächt.

जर्भुर् s. unter भुर्.

जल n. Wasser.

जलद m. Wolke, Regenwolke.

जलाशय m. Wasserplatz, Teich.

जल्प् (*jálpati*) reden, sprechen.

जागृ § 156, Anm. (*jāgárti; jāgā́ra,* ppf. *jāgṛvas-*) wachen.

जात pp. v. जन्; m. Sohn, Kind.

जातवेदस् m. N. des Feuergottes.

जाति f. Ursprung, Art, Gattung.

जानाति, जानत् usw. s. ज्ञा.

जामातृ m. Schwiegersohn.

जि (*jáyati; jigāya* § 116. 2; *ajaiṣīt; jeṣyati;* Pass. *jīyate,* aor. *ajāyi,* pp. *jita-;* Des. *jigīṣati.* Inf. *jetum*) siegen, besiegen, bändigen.

m. वि besiegen, erobern, gewinnen; med. siegen.

जिगीषु erwerbslustig.

जिघांस Des.-St. zu हन्.

जिघांसु zu töten wünschend.

जिज्ञासा f. der Wunsch zu erfahren, Neugier.

जिज्ञासु kennen zu lernen wünschend, erprobend.

जिष्णु siegreich; N. des Arjuna.

जिह्मग in Windungen gehend.
अजिह्मग in gerader Richtung sich bewegend.

जिह्मगामिन् dass. wie जिह्मग; m. Schlange.

जिह्वा f. Zunge; Name einer Frau.

जीर्ण pp. von जृ.

जीव् § 89. 3 (*jī́vati; jijīva, jīviṣyati;* K. *jīvayati* u. *jīvāp-*. Inf. *jīvitum*) leben. K. beleben.

जीव mn. Leben.

जीविका f. Lebensunterhalt, Geschäft, Profession.

जुष् (*juṣáte* u. *jóṣati; jujuṣe* u. *jujoṣa;* pp. *juṣṭa-*) kosten, genießen.

जू (*jávati, -te* u. *junā́ti*) treiben; einem (Akk.) zu etw. (D.) verhelfen.

जृ (i. Gr. *jṝ*) § 96. 3 c; 140. 3; 148. 4 (*jī́ryati* u. *-te,* ved. auch *járati; jajāra;* pp. *jīrṇa-*) altern, alt werden, gebrechlich werden.

ज्ञा § 109. 2 a (*jānā́ti* u. *jānīté; jajñau* u. *jajñe; ajñāsīt* u. *ajñāsta; jñāsyati* u. *-te;* Pass. *jñāyate,* pp. *jñāta-*, pfp. *jñeya-;* K. *jñāpayati*, aor. *ajijñapat*, pp. *jñapta-* u. *jñapita-;* Des. *jijñāsate.* Inf. *jñātum*) kennen, wissen, kennen lernen, erkennen, untersuchen.
m. अनु gestatten, gewähren.
m. अभ्यनु dass.
m. अभि wahrnehmen, kennen, wissen.
m. आ (eine Lehre) beherzigen. K. anweisen, befehlen.
m. प्रति gutheißen, versprechen.
m. वि unterscheiden, erkennen; seine Meinung kund tun, reden, sprechen.

ज्ञान n. Wissen, Erkenntnis.

ज्ञानिन् gelehrt, weise; m. Astrolog, Weiser.

ज्या f. Bogensehne.

ज्यायस् § 69 der ältere, stärkere.

ज्येष्ठ § 69 der älteste, stärkste, beste, hauptsächlichste.

ज्येष्ठतर § 69, Anm. der ältere, älteste.

ज्यैष्ठ m. N. eines Sommermonats.

ज्योतिस् n. Leuchte, Licht.

ज्वल् (*jválati; jajvāla; ajvālīt; jvaliṣyati;* pp. *jvalita-;* K. *jvalayati*) brennen, flammen. K. entflammen.
m. प्र aufflammen.

ज्वलन flammend; n. Feuer.

झ *jh*

झष m. ein großer Fisch.

ड *ḍ*

डम्ब् (*ḍambayati*) werfen.
m. वि höhnen, verspotten.

त *t*

°तः Suff. mit Ablativbed.

तक्षक m. N. eines Nāgafürsten.

तड् (*tāḍayati; tatāḍa;* pp. *tāḍita-*) schlagen, treffen.

m. वि zurückschlagen; verwunden.

तडाग mn. Teich.

तडित् f. Blitz.

ततः von dort; dann, darauf, erst dann; davon; daher, deshalb.

तत्कालम् zu dieser Zeit, währenddem.

तत्त्व n. Wesenheit, Wahrheit.

तत्र dort, da; dorthin; = L. Si. v. तद्; *tatraiva* ebendort.

तथा so, auf diese Weise (korrel. *yathā*); und, auch; ja, so ist es, gut. *tathaiva* ebenso; *tathāpi* auch so, trotzdem.

तथ्य wahr; n. Wahrheit.

तद् § 77 dieser, der. *tasmāt* u. *tena* daher, deshalb. *tat* nun (die Rede fortführend), da, so, darum. *yadi* — *tat* wenn — so.

तदपस् an diese Arbeit gewöhnt.

तदा damals, dann, da, so (korrel. *yadā* od. *yadi*); oft fast ohne Bedeutung.

तन् (*tanóti* u. *tanuté; tatāna; atanat* u. *atāṃsīt; taṃsyati;* Pass. *tanyate* u. *tāyate,* pp. *tata-*. Ger. °*tatya*) dehnen.

m. वि ausspannen; bedecken, erfüllen; bewirken, bewerkstelligen. pp. n. das aufgespannte Gewebe.

तनु und तनू f. Leib, Körper, Person.

तनुज m. Sohn.

तप् (*tápati; tatāpa* u. med. *tepe; tapsyati* u. *tapiṣyati;* Pass. *tapyate,* pp. *tapta-;* K. *tāpayati* u. *-te*) verbrennen, versengen, austrocknen.

m. निस् (pp. *niṣṭapta-*) versengen, rösten.

m. सम् dass.

तपस् n. Glut; Buße, Askese.

तपस्विन् m. Büßer, Asket.

तमस् n. Dunkel, Finsternis.

तरक्षु m. Hyäne.

तरल zitternd.

तरु m. Baum.

तर्हि dann, in dem Falle, so.

तल mn. Fläche, Boden.

°ता Suffix, Abstrakte bildend.

तात m. Vater, Väterchen.

तापस, f. ī, Askese übend; m. Asket.

ताम्र dunkelrot.

तायु m. Dieb.

ताल m. Palmyrapalme.

तावत् so groß, so viel. adv. (korr. *yāvat*) so weit, so lange, da; sofort, jetzt, zunächst.

तिक्त bitter.

तिलशः adv. in Stücke, klein wie Sesamkörner (*tila-*).

तीक्ष्ण scharf, beißend.

तीर n. Ufer, Gestade.

तीर्ण pp. von तॄ.

तीव्र heftig, stark, schrecklich.

तु enkl. aber, jedoch.

तुण्ड m. Schnabel.

तुर rasch, flink.

तुरंगम m. Pferd.

तुरायण n. ein bestimmtes Opfer.

तुविष्मत् kraftvoll.

तुष् (*túṣyati: tutoṣa; atuṣat; tokṣyati*; pp. *tuṣṭa-*; K. *toṣayati*) zufrieden sein, sich freuen. K. erfreuen.

m. परि dass. wie das Simpl.

तुष m. Hülse von Reis.

तॄ (i. Gr. *tṝ*) § 140. 3; 148. 4 (*tárati* u. °*tiráti; tatāra; atārṣīt; tariṣyati*; Pass. *tīryate*, pp. *tīrṇa-*; K. *tārayati*. Inf. *tartum* u. *taritum*; Ger. *tīrtvā*, °*tīrya*, vom K. °*tārya*) überschreiten, überwinden. K. retten.

m. अव herabsteigen; sich verkörpern, Mensch werden.

m. उद् K. hinausschaffen.

तृण mn. Gras.

तृतीय der dritte.

तृप् (*tŕpyati; tatarpa; atṛpat* u. *atrāpsīt; tarpsyati* u. *trapsyati*; pp. *tṛpta-*; K. *tarpayati*) genießen, satt werden. K. sättigen.

तृष्णा f. Durst.

तेजस् n. Schärfe; Glanz, Glut; Majestät, Ruhm, Macht.

तैजस, f. *ī*, glühend, flammend.

तैल n. Sesamöl, Öl.

तोयद m. Regenwolke.

त्यज् § 90, Anm. (*tyajati; tatyāja* u. ved. *tityā́ja; atyākṣīt; tyajiṣyati* u. *tyakṣyati*; pp. *tyakta-*, pfp. *tyājya-*. Inf. *tyaktum*) verlassen, aufgeben, beseitigen, preisgeben.

m. परि u. सम् dass. wie das Simpl.

त्यद् ved. Pron. dem. dieser, § 77 N.

त्रपा f. Scham.

त्रयस्त्रिंशत् f. dreiunddreißig.

त्रस् (*trásati* u. *trásyati; tatrāsa* u. 3. Pl. *tresuḥ* od. *tatrasuḥ; atrāsīt; trasiṣyati*; pp. *trasta-*; K. *trāsayati*) sich fürchten; pp. erschreckt, furchtsam. K. in Furcht versetzen.

m. वि u. सम् dass. wie das Simpl.

त्रा (*trāti; atrāsta; trāsyate* u. *-ti*) behüten, beschützen.

m. परि schützen vor (Ab.).

त्राण n. Schutz, Hilfe.

त्रि § 73. 6 drei.

त्रिंशत् f. dreißig.

त्रिदश m. Pl. die dreimal zehn. die dreißig (33) Götter.

त्रिधा dreifach, in drei Teile.

त्रिषवण n. die dreimalige Abwaschung am Tage.

त्रेता f. Dreizahl, Dreiheit.

त्रैलोक्य n. die drei Welten (Himmel, Luftraum, Erde, oder Himmel, Erde, Unterwelt).

त्वत्तः Abl. des Pron. d. 2. Pers.

त्वद् St. des Pron. d. 2. Pers.

त्वम् § 76, Pron. d. 2. Pers. du.

त्वर् (*tvárate* u. *-ti; tatvare;* pp. *tvarita-* u. *tūrṇa-*) eilen; pp. eilig, schnell.

त्वष्टृ m. Name eines Gottes.

द *d*

दंश् § 92. 3 (*dáśati; dadaṃśa; adāṅkṣīt; daṅkṣyati;* pp. *daṣṭa-*) beißen.

m. सम् zusammenbeißen, aufeinander beißen.

दंष्ट्रिन् mit Fangzähnen versehen; m. Raubtier.

दक्ष m. Wille; Name eines Gottes.

दक्षिण recht, rechts befindlich, südlich; eines der drei heil. Feuer, das Südfeuer.

दण्ड m. Stock, Stab; Strafe. *daṇḍena* mit Gewalt.

दण्डपाशक m. Polizeimeister.

दण्डय् Denom. (*daṇḍáyati;* pp. *daṇḍita-*, pfp. *daṇḍya-*) mit etw.. (Akk.) bestrafen.

दत्त u. दत्त्वा pp. u. Ger. v. दा.

दधि n. sauere Milch.

दन्त m. Zahn.

दम् (*dāmyáti;* pp. *dānta-;* K. *damayati,* pp. *damita-*) zahm sein; pp. geduldig. K. zähmen, bändigen.

1. दम m. Züchtigung, Buße.

2. दम mn. Haus.

दमन m. Name eines Weisen.

दमयन्ती f. Name einer Prinzessin.

दम्भ m. Betrug, List.

दया f. Mitleid, Erbarmen.

दरिद्र arm.

दर्श m. Neumond.

दर्शन n. das Sehen, Betrachtung; Anblick, Erscheinung.

दर्शनपथ m. Gesichtskreis.

दश § 73. 3 zehn.

दशन m. Zahn.

दष्ट pp. von दंश्.

दस्यु m. Feind, Barbar.

दह् (trans. *dáhati,* intr. *dahyati; dadāha; dahiṣyati;* Pass. *dahyate,* pp. *dagdha-;* K. *dāhayati;* Des. *didhakṣati.* Inf. *dagdhum*) tr. u. K. verbrennen, durch Feuer vernichten; intr. u. Pass. in Brand stehen, d. Feuer vernichtet werden. Des. zu verbrennen trachten.

दा § 108 (*dadā́ti* u. *datté,* Imp. *dehi; dadau; adāt; dāsyati* u. *-te,* Prek. *deyāt;* Pass. *dīyate,* aor. *adāyi,* pp. *datta-,* pfp. *dātavya-* u. *deya-;* K. *dāpayati,* pfp. *dāpya-;* Des. *ditsati.* Inf. *dātum;* Ger. *dattvā,* °*dāya*) geben, schenken; erlauben, gewähren. *karṇaṃ dā* das Ohr wohin legen. K. geben lassen, zahlen lassen, verurteilen zu (Akk.).

m. अनु zugestehen, gewähren.

m. आ (pp. *ātta-*) an sich nehmen, ergreifen, an sich bringen; med. in sich aufnehmen.

m. समा ergreifen, mitnehmen.

m. प्र hingeben, übergeben, zur Frau geben.

दाडिम m. Granatbaum.

दातृ m. Geber, Spender; freigebig.

दान n. das Geben, Gewähren, Freigebigkeit; Gabe.

दानव u. दानु m. Bez. best. Dämonen.

दामन् n. Strick, Fessel.

दारिद्र्य n. Armut.

दारु mn. Holz, Stange, Hebel.

दारुमय, f. *ī*, hölzern.

दाव m. Waldbrand; Wald.

दाशार्ह zum Stamm der Daśārha gehörig; m. Name des Kṛṣṇa.

दाश्वस् § 66 opfernd, spendend.

दास feindlich; m. Feind; Sklave.

दाह m. Brand, Feuer.

दिदृक्षु zu sehen wünschend.

दिधक्ष Des.-St. zu दह्.

दिधक्षु zu verbrennen wünschend.

दिन n. Tag.

दिव् § 51 s. unter द्यो.

दिव n. Tag. *dive dive* s. unter द्यो.

दिवस mn. Tag.

दिवा am Tage. S. unter द्यो.

दिवौकस् m. Himmelsbewohner, Gott.

दिव्य himmlisch.

1. दिश् (*diśáti* u. ved. *didéṣṭi; dideśa; adikṣat; dekṣyati;* Pass. *diśyate,* pp. *diṣṭa-;* K. *deśayati*) zeigen, anweisen; festsetzen, beschließen.

m. आ anweisen, beauftragen.

m. समा dass.

m. उप unterweisen, lehren, vorschreiben.

m. प्र zeigen, anordnen, anweisen.

m. सम् anweisen, beauftragen.

2. दिश् f. Himmelsgegend. *diśo gam* nach allen Richtungen sich zerstreuen.

दिष्टि f. glückliche Fügung. *diṣṭyā* Interj. Gott sei Dank!

दीक्षा f. religiöse Observanz.

दीदिवि leuchtend.

दीन kläglich, traurig.

दीप् (*dīpyate; didīpe; adīpi* u. *adīpiṣṭa;* pp. *dīpta-*. Inf. *dīpitum*) flammen, brennen, strahlen, glänzen.

m. प्र aufflammen, brennen.

m. संप्र dass.

दीर्घ lang.

दुःख unbequem, schlimm; n. Unglück, Leid, Beschwerde.

दुःखय् (i. Gr. *duḥkh*) Denom. *duḥkháyati;* pp. *duḥkhita-*)

Schmerz erregen, betrüben, bekümmern.

दुग्धद् Milch gebend.

दुध्र ungestüm.

दुराचार schlimm, böse.

दुराधर्ष dem man nichts anhaben kann, unantastbar.

दुर्जन m. Bösewicht, Frevler.

दुर्धर्ष dass. wie दुराधर्ष.

दुर्बल schwach, ohnmächtig.

दुर्य zum Hause gehörig.

दुष् (*dúṣyati; pp. duṣṭa-; K. dūṣayati*) schlecht sein; pp. böse, sündhaft. K. verachten.

दुष्कृत übel getan; schlimm, schwierig; n. Übeltat, Sünde.

दुस्॰ Vorsatzsilbe = gr. δυς, Gegs. zu *su*°.

दुह् § 99 (*dógdhi; dudoha; adhukṣat; dhokṣyati;* pp. *dugdha-*) melken; Milch geben.

m. सम् melken.

दुहितृ § 49. 2, f. Tochter.

दूळभ schwer zu täuschen, untrüglich.

दूत m. Bote.

दूर fern, weit; *-re* in der Ferne, weit weg; *-ram* in die Ferne.

1. दृ (i. Gr. *dṝ*) § 140. 3; 148. 4 (*dṛṇā́ti; dadā́ra;* ved. aor. *dar, darṣat;* Pass. *dīryate,* pp. *dīrṇa-;* K. *dārayati;* Int. *dardarīti,* 2. Si. *dardarṣi*) sprengen, aufbrechen.

m. आ Int. aufbrechen, erschließen.

m. वि K. auseinander reißen, zerreißen.

2. दृ m. आ § 96. 3 c (*ādriyate;* pp. *ādṛta-*) sich um etwas kümmern; pp. beachtet, berücksichtigt, geehrt.

दृंह् (*dṛṃhati;* pp. *dṛḍha-*) festigen; pp. fest, stark; *-am* sehr.

दृढ pp. von दृंह्.

दृश् § 91, Anm.; 96. 3 d (*páśyati; dadarśa; adarśat* u. *adrākṣīt; drakṣyati;* Pass. *dṛśyate,* aor. *adarśi,* pp. *dṛṣṭa-,* pfp. *draṣṭavya-;* K. *darśayati;* Des. *didṛkṣate.* Inf. *draṣṭum;* Ger. *dṛṣṭvā,* °*dṛśya*) sehen, erblicken. K. sehen lassen, zeigen.

m. अनु zusehen, dulden, gestatten.

m. प्र vor sich sehen, erblicken.

दृष्टि f. das Sehen; Blick, Auge.

देव m. Gott; Majestät, König.

देवकुल od. ॰गृह n. Tempel, Kapelle.

देवज्ञानिन् m. N. eines Mannes.

देवता f. Gottheit, Gott.

देवत्व n. d. Gottsein, Göttlichkeit.

देवायतन n. Tempel, Kapelle.

देवी f. Göttin; Königin.

देश m. Land, Gegend; Seite.

देशान्तर n. andres Land, Fremde.

देह mn. Leib, Körper.

देहवत् bekörpert.

देहिन् mit Körper versehen.

दैत्य m. Bez. best. Dämonen.

दैव n. Schicksal, Schicksalsfügung.

दैव्य göttlich.

दोष m. Fehler, Unrecht, Schuld.

दोषावस्तृ m. Erheller der Nacht (von Agni).

द्यो § 51, f. Himmel, Tag. *divā* am Tage. *dive dive* Tag für Tag.

द्रव्य n. Ding; Habe, Vermögen.

द्रु (*drávati; dudrāva; droṣyati;* pp. *druta-;* K. *drāvayati*) eilen, laufen, fließen.

m. **उप** losrennen auf, angreifen.

m. **समुप** dass.

m. **प्र** herbeieilen, losstürzen, angreifen.

m. **विप्र** dass.

m. **वि** auseinander laufen, sich zerstreuen, sich auflösen, fliehen.

द्रुततरम् adv. eilends.

द्रुम m. Baum.

द्रुह् (*drúhyati; dudroha; adruhat* u. *adhrukṣat;* pp. *drugdha-*) jem. ein Leid zufügen. pp. n. Übeltat.

द्व § 73. 2 zwei.

द्वादश, f. *ī*, der zwölfte.

द्वार् f. Tor, Türe, Eingang.

द्विज zweimal geboren; m. Bez. des durch Umgürtung mit der heil. Schnur in die Gemeinde aufgenommenen Ariers: Mitglied der drei oberen Kasten, bes. Brahmane.

द्विजाति m. dass. wie das vor.

द्विता zweifach, in zweif. Weise.

द्वितीय der zweite; EKBah. jem. als zweiten habend, mit jem. zusammen.

द्विधा zweifach, in zwei Teile.

द्विप m. Elefant.

द्विशत n. zweihundert; adj. zweihundert betragend.

द्विशततम der zweihundertste.

1. **द्विष्** (*dvéṣṭi* u. *dviṣṭé; didveṣa; dvekṣyati;* pp. *dviṣṭa-*, pfp. *dveṣya-*) feind sein, hassen.

2. **द्विष्** m. Feind.

ध *dh*

धन n. Geld, Reichtum, Schatz.

धनंजय im Kampfe siegreich.

धनिक vermögend, reich.

धनिन् dass. wie d. vor.

धनुस् n. Bogen.

धनेश्वर m. Gott des Reichtums, Kubera.

धन्य reich, glücklich.

धन्वन् n. Steppe.

धम् (*dhámati; dhamiṣyati;* Pass. *dhamyate*) blasen.

m. **वि** zerstieben machen.

॰धर EK. tragend, besitzend.

धरा f. Erde.

धर्म m. Satzung, Recht, Lehre, Gesetz; Pflicht; Frömmigkeit.

धर्मशास्त्र n. Rechtsbuch.

धवलगृह n. Palast.

धा § 108 (*dadhā́ti* u. *dhatté*, Imp. *dhehi; dadhau* u. *dadhe; adhāt; dhāsyati;* Pass. *dhīyate*, aor. *adhāyi*, pp. *hita-*, pfp. *dhātavya-* u. *dheya-;* K. *dhāpayati*. Inf. *dhātum;* Ger. *hitvā*, °*dhāya*) setzen, stellen, legen. *niścayaṃ dhā* einen Entschluß fassen. pp. irgendwo befindlich; zuträglich, nützlich.

m. **अन्तर्** verstecken; Pass. verschwinden.

m. **अभि** bezeichnen; sagen, mitteilen, sprechen, anreden.

m. **आ** vorsetzen, zuwenden; bilden, hervorbringen; med. erhalten, empfangen.

m. **समा** seine Aufmerksamkeit auf etw. richten; pp. achtsam.

m. **नि** niederlegen, weglegen.

m. **संनि** pp. anwesend; da, zur Stelle.

m. **पि** (= *api*) zudecken. pp. *pihita-* bedeckt mit etwas, erfüllt von etwas.

m. **वि** verteilen; verwalten, anordnen; tun, machen, ausführen, vollziehen.

m. **श्रद्** (*śraddhā*) glauben, vertrauen, beherzigen.

धातृ m. Schöpfer; Name eines best. Gottes.

धारा f. Wasserstrom, Guß; Schärfe, Schneide, Klinge.

धाव् (*dhā́vati* u. *-te;* pp. *dhāvita-*) laufen.

m. **अभि** hinstürzen, losrennen auf, zu Hilfe eilen.

धावन n. das Abwaschen, Abspülen.

धि° Verbalpräf. = **अधि**.

धिक् Interj. pfui!

धिष्ठित pp. von **स्था** m. **धि**, **अधि**.

धी f. Einsicht, Andacht, Meditation; Geschicklichkeit.

धीमत् einsichtig, klug, weise.

धीर kundig, geschickt; beherzt.

धुर् f. Joch.

धूम m. Rauch.

धूर्त m. Schelm, Gauner.

धृ (*dhárati* u. *-te*, *dadhāra* u. *dadhre; dhariṣyati* u. *-te;* Pass. *dhriyate*, pp. *dhṛta-;* Int. *dardharti*. Inf. *dhartum*) halten, tragen.

m. **वि** Int. trennen, scheiden.

धृति f. fester Wille, Entschlossenheit. *dhṛtiṃ bandh* den Willen richten auf.

धेनु f. Milchkuh.

धौम्य m. N. eines Weisen (*Āpoda*).

ध्या (i. Gr. *dhyai*) (*dhyā́yati; dadhyau; adhyāsīt; dhyāsyati;* pp. *dhyāta-*) sinnen; nachdenken.

ध्रुति f. Verführung, Verblendung.

ध्वंस् (*dhváṃsati* u. *-te; Pass. dhvasyate*, pp. *dhvasta-;* K. *dhvaṃsayati*) zerstieben. K. zerstieben machen.
m. वि dass. wie das Simpl.

न *n*

1. न Neg. nicht. *kiṃ na* nonne?
2. न enkl. Part. wie, gleichwie (ved.).
नकिः adv. nimmer (ved.).
नक्तम् adv. bei Nacht, nachts.
नक्षत्र n. Gestirn, Sonne.
नख m. Nagel, Kralle.
नग m. Baum; Berg.
नगर n. und नगरी f. Stadt.
नट m. Schauspieler, Tänzer.
नद् (*nádati; nanāda* u. 3. Pl. *neduḥ;* K. *nādayati*) schreien, jauchzen.
m. नि schreien, brüllen, Geschrei erheben.
m. वि Geschrei erheben.
नदी f. Fluß.
नद्ध pp. von नह्.
ननु Fragepart. doch, wohl.
नन्दन erfreuend; m. Sohn.
नभस् n. Luftraum, Himmel.
नम् (*námati; nanāma; anaṃsīt; naṃsyati* u. *namiṣyati*, pp. *nata-;* K. *nămayati*) sich vor jem. (Akk. D.) verneigen, jem. verehren.
m. उप pp. unterworfen.
नमस् n. Verneigung, Verehrung. *n. kṛ* seine Ehrfurcht bezeugen. *n. bhṛ* Verehrung darbringen.
नमुचि m. Name eines Dämonen.
नमुचिहन् m. Mörder des Namuci, Indra.
नयन n. Auge.
नर m. Mann, Mensch; Name des Arjuna.
नराशंस m. Name des Agni.
नर्तक m. Tänzer.
नल m. Name eines Königs.
नव frisch, jung, neu.
नश् (*náśyati; nanāśa* u. 3. Pl. *neśuḥ; anaśat; naṅkṣyati* u. *naśiṣyati;* pp. *naṣṭa-;* K. *nāśayati*) zugrunde gehen, umkommen, schwinden. K. vernichten.
m. प्र (*praṇaś*) schwinden, fliehen.
m. वि dass. wie das Simpl.
नह् (*náhyati* u. *-te; nanāha; natsyati;* pp. *naddha-*) binden.
m. सम् zusammenbinden, sich rüsten; pp. gerüstet.
नाक m. Himmelsgewölbe.
नाग m. Schlange, Schlangengeist, Schlangendämon. f. नागी
नाद m. Geschrei, Getöse, Gebrüll.
नाधमान Hilfe suchend.
नाना verschieden, auf mannigfache Art. AK. oft = einem Adj.

नामन् n. Name. EKBah. so und so benannt; *kiṃnāmā* was für einen Namen tragend? *nāma, nāmataḥ, nāmnā* mit Namen.

नारद m. Name eines Weisen.

नारायण m. Name des Viṣṇu.

नारी f. Frau.

नाश m. Vernichtung, Tod.

नि° vor Verb. hinab.

निःस्वन m. Schall, Ton; Lärm, Getöse.

निकेत m. Wohnung, Wohnstätte.

निकेतन n. dass. wie das vor.

निग्रह m. Strafe, Einsperrung.

निचय m. Ansammlung, Vorrat.

निज angehörig, eigen; Pron. poss. mein, dein, sein.

नित्य beständig (auch AK.), *-am* stets, immer, immer wieder.

निधन mn. Vernichtung, Tod.

निन्द् § 89. 3 (*níndati; ninin-da; nindiṣyati*; pp. *nindita-*) schmähen, tadeln, schelten.

निपात m. Fall, Sturz.

निमित्त n. Zeichen, Vorzeichen.

निमिष् f. das Einschlafen (Sonnenuntergang?).

निमृग्र sich anschmiegend, sich fügend.

नियत pp. von **यम्** m. **नि** gebändigt; adv. gewiß, sicher, bestimmt.

नियम m. Bändigung; Gelübde.

निर्घोष m. Getöse, Dröhnen.

निर्द्रव्य ohne Besitz, arm.

निर्मातृ m. Bildner, Schöpfer.

निर्विश pp. von 2. **विद्** m. **निस्**.

निर्विशङ्कम् ohne Zagen, ohne Zaudern.

निर्विष ohne Gift.

निर्वृति f. Wonne, Glückseligkeit.

निर्वेद m. Verzweiflung.

निवास m. Wohnung, Wohnstätte.

निवासिन् EK. irgendwo wohnend, Bewohner von etw.

निवेशन n. Wohnung, Heim.

निश् u. **निशा** f. Nacht.

निशाचर m. Nachtgespenst.

निशित pp. von **शा** m. **नि**.

निशीथ m. Mitternacht.

निश्चय m. Entschluß, Entscheidung. *-aṃ dhā* od. *kṛ* einen Entschluß fassen.

निष्कृति f. Ersatz, Entgelt.

निष्प्रतीकार auf keinen Widerstand stoßend, ungehemmt.

ष्फलता f. Erfolglosigkeit.

निस्° vor Verb. hinaus, weg; AK. = *a* priv., un-, ohne.

निस्त्रिंश m. Schwert.

नी (*náyati* u. *-te; ninā́ya*, 1. Pl. *ninyima*, 3. Pl. *ninyuḥ*, med. *ninye; anaiṣīt* u. *aneṣṭa*: Pass. *nīyate*, pp. *nīta-*; K. *nāyayati*, pf. *nāyayām āsa*. Inf. *netum;* Ger. *nītvā*, °*nīya* u. K. °*nāyya*) führen, lenken;

herbeiführen; fortführen, nehmen, entwenden; (eine Zeit) zubringen; (e. Grenze) ziehen. K. bringen lassen.

m. अनु jem. freundl. zureden.

m. प्रत्यनु med. sich gegen jem. erklären, Verwahrung einlegen.

m. अप fortführen, beseitigen.

m. आ herbeiführen, bringen, holen. K. bringen, holen lassen.

m. समा dass.

m. उप (den Schüler dem Lehrer) zuführen.

m. परि (*pariṇayati, paryaṇayat*) heiraten.

m. प्र (*praṇayati*) (Strafe) verhängen über (L.).

नीहार m. Nebel.

नु Fragepart. wohl, doch. *kiṃ nu* Fragepart.

नुद् (*nudáti* u. *-te; nunoda; anautsīt* u. ved. *anutta; notsyati* u. *-te;* pp. *nutta-* u. *nunna-*) stoßen, treiben.

m. प्र in Bewegung setzen.

नूतन jetzt lebend, jetzig.

नूनम् jetzt, nun, nun also.

नृ § 49. 4 Mann, Held; pl. Menschen.

नृप m. König, Fürst.

नृपति m. dass. wie das vor.

नृम्ण n. Mannhaftigkeit.

नेतृ m. Führer.

नो und nicht. *no cet* wenn nicht (führt einen verkürzten Vordersatz ein: wo nicht, so . . ., andernfalls).

नौ § 50, f. Schiff.

न्यग्रोध m. ein best. Baum, Ficus Indica, Baniane.

न्याय्य herkömmlich, passend, geziemend.

प *p*

पक्व reif, gekocht, zubereitet.

पक्ष m. Fittig, Flügel; Monatshälfte.

पक्षिन् m. Vogel.

पच् (*pácati* u. *-te; papāca* u. 3. Pl. *pecuḥ; apākṣīt* u. ved. *pakṣat; pakṣyati.* Inf. *paktum;* Ger. *paktvā*) kochen, braten, backen.

पञ्च § 73. 3 fünf.

पञ्चम, f. *ī*, der fünfte.

पञ्चतपस् m. fünf Feuern (d. h. vier in den vier Himmelsrichtungen angezündeten Feuern und der Sonne) sich aussetzend.

पञ्चविंशति f. fünfundzwanzig.

पट् (*pāṭáyati;* pp. *pāṭita-*) spalten.

m. उद् abspalten, losbrechen.

पण्डित gelehrt; m. Gelehrter.

पत् (*pátati; papāta* u. 3. Pl. *petuḥ; patiṣyati;* pp. *patita-;* K. *pātayati* u. *-te*) fallen, fliegen. K. zu Fall bringen, stürzen machen.

m. अभि fallen, stürzen auf jem. (Akk.).

m. आ auf jem. (Akk.) fallen, jem. (G.) zustoßen.

m. उद् emporfliegen.

m. समुद् dass.

m. नि herabfallen, hinfallen, fallen, herabfliegen; K. fällen, töten.

m. निस् (*niṣpatati*) herausfliegen, herausstürzen.

पतत्रिन् m. Vogel.

पति § 44. 2 m. Herr; Gatte.

पतिव्रता f. dem Gatten treu ergeben.

पत्त्र n. Flügel; Blatt.

पत्त्रिन् m. Pfeil.

पथ् u. पथि s. bei पन्थन्.

पथिक m. Wanderer; Reisender.

पद् (*pádyate; pede; patsyate;* pp. *panna-;* K. *pādayati.* Inf. *pattum*) zu Fall kommen; hingehen zu.

m. आ in (böse) Lage geraten.

m. व्या zugrunde gehen; K. vernichten, töten.

m. उद् hervorgehen, entstehen.

m. समुद् dass.

m. उप stattfinden, eintreffen.

m. निस् (*niṣpadyate*) zustande kommen; K. vollbringen, ausführen, verfertigen.

m. प्र in etw. (L.) geraten, fallen, stürzen.

m. प्रति hinzutreten; auf etw. eingehen, ja sagen, annehmen, billigen; antworten.

m. सम् zustande kommen, entstehen, werden, gelingen; pp. *saṃpanna-* mit etw. ausgerüstet, begabt.

पद n. Tritt, Fuß; Ort, Stelle.

पद्म mn. Lotosblume.

पन्थन् § 56. 2; § 58, Note m. Weg, Pfad.

पन्नग m. Schlangendämon.

पयस् n. Wasser; Milch.

पर § 80. 3 Anm. ein anderer, fremder; jenseitig; der höchste, beste. EKBah. etw. als das höchste ansehend, ganz darin aufgehend.

परम् 1. Präp. m. Ab. hinaus über, nach; *tataḥ param* darauf, in der Folge. 2. Konj. aber, jedoch; *paraṃ tu* dass.

परम der letzte, höchste, beste, äußerste.

परंपरा f. ununterbrochene Reihenfolge. S. कर्णपरंपरा.

परश्वध m. Axt, Beil.

परस्परम् einander, gegenseitig.

पराक्रम m. Heldenhaftigkeit, Macht.

पराङ्मुख, f. ī, dessen Gesicht abgewendet ist, einer Sache den Rücken kehrend.

पराभव m. Niederlage, Demütigung.

परि rings; um ... herum.

परिघ m. Eisenkeule.

परिच्छद m. Geräte, Hausrat.

परिज्मन् m. das Umherwandern, Lauf, Bewegung.

परिणय m. das Herumführen (der Braut um das heilige Feuer), Hochzeit.

परितोष m. Befriedigung, Freude.

परित्रातृ m. Beschützer.

परिदेवन n. das Wehklagen.

परिभू rings umgebend, umschließend.

परिमल m. Wohlgeruch, Räucherwerk.

परिवार m. Umgebung, Gefolge.

परीक्षा f. Prüfung, Probe.

परुष rauh, barsch; m. Rohr.

पर्ण n. Blatt, Laub; Feder, Flügel.

पर्यन्त m. Umgrenzung, Rand.

पर्वत m. Berg, Felsblock.

पर्वन् n. Abschnitt, Zeitabschnitt, Kapitel.

पलाय् (*pálāyate;* pp. *palāyita-*) fliehen, entkommen.
m. **प्र** dass. wie das Simpl.

पलित n. graues Haar.

पश् s. unter **दृश्**.

पशु m. Vieh, Tier.

पशुतृप् Vieh raubend.

पश्चात् dann, darauf, später.

पश्चिम der letzte, äußerste, ärgste.

1. **पा** § 96. 1 c (*píbati* u. ved. *pā́ti; papau; apāt; pāsyati* u. *-te;* Pass. *pīyate,* pp. *pīta-,* pfp. *peya-;* K. *pāyayati* u. *-te;* Des. *pipāsati*) trinken.

2. **पा** (*pā́ti;* pp. *pāta-*) beschützen, beschirmen.

पाकशासन m. Name des Indra.

पाकशासनि m. Name des Arjuna.

पाञ्चाल्य m. Angehöriger des Stammes der Pañcāla.

पाणि m. Hand; EK. etw. in der Hand haltend. *pāṇiṃ grah* die Hand ergreifen, heiraten.

पाण्डव n. Sohn des Pāṇḍu, Name des Arjuna.

पाण्डु m. Name eines Fürsten.

पाण्डुर weißlich, hellgrau.

पातक mn. Verbrechen.

पाद m. Fuß.

पादप m. Baum.

पान n. das Trinken, Trank.

पाप schlecht, böse; m. Sünder; n. Sünde, Schlechtigkeit.

पापात्मन् sündhaft, verrucht.

पार n. Ende, Ziel.

पारत्र्य aufs Jenseits bezüglich.

पार्थ m. Sohn der Pṛthā, Arjuna.

पार्थिव m. Fürst, König.

पार्श्व mn. Seite. *-e* an der Seite von, bei jem., hin zu jem.

पालय् (i. Gr. *pāl*) (*pāláyati; pālayāmāsa; pālayiṣyati*) beschützen, beherrschen.

पावक m. Feuer, Feuergott.

पावन, f. *ī*, rein, heilig.

पाश m. Strick, Schlinge.

पि° Verbalpräf. = **अपि**.

पिङ्ग rotbraun.

पितृ m. Vater; Du. Eltern; Pl. die Manen.

पित्र्य väterlich, von den Vätern getan.

पिधान n. Deckel.

पिब Präs.-St. zu 1. पा.

पिशाच m. eine best. Klasse von Dämonen.

पिहित pp. von धा m. पि.

पीड् (*pīḍáyati;* pp. *pīḍita-*) pressen, quälen, belästigen.

पीवन्, f. *pīvarī,* fett.

पुंस् § 52, Anm. 4, m. Mann.

पुच्छ mn. Schwanz.

पुट mn. aus Blättern geformte Tüte.

पुण्य rein, heilig; n. Tugend.

पुत्र m. Sohn; f. *ī* Tochter.

पुनः (*-ar*) wieder, zurück; hinwiederum, jedoch, aber. *kiṃ punaḥ* geschweige denn.

पुर n. Stadt, Burg.

पुरः vorne; vor, vor die Füße.

पुरःसर, f. *ī,* vorangehend. *-am* EK. nach, mit, unter.

पुरंदर m. Burgenbrecher, Name des Indra.

पुरंधि f. Einsicht, Klugheit.

पुरस्तात् am Anfang, zuvor, vorher.

पुराण alt.

पुरुष m. Mann, Mensch.

पुरूरवस् m. Name eines Königs.

पुरोगम m. Führer, Begleiter.

पुरोडाश m. Opferkuchen.

पुरोहित m. Hauspriester.

पुलक m. das Sträuben der Härchen am Körper (als Zeichen höchter Lust).

पुष्ट n. und पुष्टि f. Habe, Besitztum.

पुष्प n. Blüte, Blume.

पुस्तक m. Buch.

पू (*punā́ti* u. *punīté;* Pass. *pūyate,* pp. *pūta-*) reinigen; Pass. rein sein, schuldlos sein.

पूज् (*pūjáyati;* Pass. *pūjyate,* pp. *pūjita-,* pfp. *pūjanīya-, pūjya-*) ehren, Ehre erweisen: pfp. verehrungswürdig.

पूजा f. Verehrung, Ehre, Auszeichnung.

पूर m. Hochwasser, Flut.

पूर्व § 80. 3, Anm. früher, erstere; östlich. AK., EK. zuerst, zuvor. *-am* früher, zuvor.

°पूर्वकम् EK. nach, gemäß.

पूर्वग vorangehend.

पूर्वज zuerst geboren; uralt.

पूषन् m. Name eines Gottes.

पॄ (i. Gr. *pṝ*) § 140. 3; 148. 4 (*pṛṇā́ti* u. *píparti;* Pass. *pūryate,* pp. *pūrṇa-;* K. *pūrayati* u. *-te,* pp. *pūrita-*) füllen; pp. voll. K. füllen, sättigen, überhäufen mit etw.

पृच् (*pṛṇákti;* pp. *pṛkta-*) mischen. m. सम् mengen, vermischen, vereinigen.

पृथक् getrennt, gesondert. *pṛthak pṛthak* einzeln, jeder für sich.

पृथिवी f. Erde, Erdgöttin.

पृथु, f. *pṛthvī,* breit, weit.

पृथुपाणि mit weit ausgebreiteten Händen.

पृष्ट pp. von प्रच्छ्.

पृष्ठ n. Rücken. *pṛṣṭhataḥ* im Rücken, hinten, hinter.

पेय pfp. von 1. पा; n. Getränke.

पैतामह, f. *ī,* großväterlich.

पोष m. Gedeihen, Wohlstand.

पौर, f. *ī,* städtisch, in der Stadt lebend.

पौर्णमास, f. *ī,* auf den Vollmond bezüglich; mn. Vollmondsfeier.

प्र° Verbalpräf. vor, vorwärts.

प्रकार m. Art und Weise. *evaṃprakāra-* von solcher Art.

प्रकाश zutage tretend, sichtbar.

प्रकृति f. Natur, ursprünglicher Zustand.

प्रक्षालक waschend, reinigend.

प्रगे am frühen Morgen.

प्रचुर viel, reichlich, zum großen Teil.

प्रच्छ् § 91 (*pṛccháti; papraccha; aprākṣīt; prakṣyati;* Pass. *pṛcchyate,* pp. *pṛṣṭa-,* pfp. *praṣṭavya-.* Inf. *praṣṭum*) fragen (nach etw. Akk.).

m. वि sich befragen, sich bereden.

प्रजा f. Nachkommenschaft; Leute, Untertanen.

प्रजापति m. Name eines Gottes, Schöpfer.

प्रणय m. Vertraulichkeit, Liebe.

प्रति gegen, auf, zu, hin ... zu (m. Akk.); bei, in; in Beziehung auf, in betreff.

प्रतिकूल sich widersetzend, sich auflehnend.

प्रतिग्रह m. Geschenk, Gabe.

प्रतिपत्ति f. Tun, Verfahren, Mittel.

प्रतिमान n. Widerpart, ebenbürtiger Gegner.

प्रतिष्ठा f. Stütze, Halt. *apratiṣṭha* kinderlos.

प्रतीकार m. Gegenwirkung, Heilung, Abhilfe.

प्रत्यक्षम् vor, in Gegenwart.

प्रत्यच् § 54 hinten befindlich, westlich.

प्रत्यय m. Überzeugung, Beweis.

प्रत्यासन्न pp. von सद् m. प्रति-आ; nahe.

प्रत्यूष mn. Tagesanbruch, Morgen.

प्रत्यूह m. Hindernis.

प्रथ् (*práthate;* pp. *prathita-;* K. *prathayati,* aor. *(a)paprathat*) sich ausbreiten. K. ausbreiten.

प्रथम der erste; *-am* zuerst, gleich am Anfang, ehedem.

प्रदान n. das Schenken, Hergeben; Spende, Gabe.

प्रदिश् f. Anweisung, Befehl.

प्रधान hervorragend, vorzüglich; n. das Beste, die Hauptsache.

प्रपद् n. Fußspitze.

प्रबाल mn. Schößling; Koralle.

प्रभव vordringend.

प्रभात n. Morgen, Tagesanbruch.

प्रभाव m. Macht, Überlegenheit.

प्रभूत pp. von **भू** m. **प्र**; viel, reichlich. Kompar. mehr.

प्रभृति f. Anfang. EK. u. Postpos. m. Ab. von . . . an.

प्रमाण n. Maßstab, Richtschnur.

प्रयत pp. von **यम्** m. **प्र**.

प्रयत्न m. Anstrengung, Bemühung (um etw. L.).

प्रयोजन n. Zweck, Absicht.

प्रयोतृ m. Verscheucher.

प्रवाद् m. Ausspruch; Gerücht.

प्रवीर m. großer Held.

प्रवेश m. Zugang; Zutritt.

प्रसङ्ग m. Verbindung; Verlangen; Gelegenheit.

प्रसाद् m. Gunst, Gnade.

प्रसिद्ध pp. vom 2. **सिध्** m. **प्र** zustande gekommen; verbreitet, bekannt, berühmt.

प्रसिद्धि f. Berühmtheit, Ruf.

प्रसूति f. Geburt; Kind.

प्रस्थ mn. Berghang.

प्रस्रवण n. Ausfluß, Quelle.

प्रहार m. Schlag, Wunde.

प्राकार m. Mauer, Burg.

प्राच् § 54 vorn befindlich; östlich; früher.

प्राण m. Atem; Pl. Leben.

प्राणभृत् Leben tragend; m. lebendes Wesen.

प्राणिन् dass. wie das vorige.

प्रातः (*-ar*) in der Frühe, morgens; morgen früh.

प्रातिभ divinatorisch.

प्रान्त mn. Rand, Grenze, Ende.

प्राप्तव्यमर्थ m. ein Scherzname.

प्राय m. Mehrheit. EK. ähnlich, beinahe.

प्रायः adv. zumeist, gewöhnlich.

प्रासाद् m. Palast.

प्रिय lieb, angenehm; m. Liebling, Freund; n. Liebes, Gefallen.

प्री (*prīṇā́ti* u. *-ṇīté; piprāya* u. *pipriye; preṣyati;* Pass. *prīyate,* pp. *prīta-*) erfreuen; med. sich freuen.

प्रीति f. Freude, Liebe.

प्रीतिमत् erfreut.

प्रैष्य n. Dienerstand, Dienst.

प्लु (*plávate; pupluve;* pp. *pluta-;* K. *plāvayati*) schwimmen. K. überschwemmen.

फ *ph*

फटा f. Haube, Schild, (der aufgeblasene Hals) e. Schlange.

फणा f. dass. wie das vorige.

फल n. Frucht; Erfolg, Lohn oder Strafe.

फालकृष्ट auf gepflügtem Boden gewachsen.

फेन m. Schaum.

ब *b*

बन्ध् § 92. 3 (*badhnā́ti*, Imper. *badhāna; babandha; bhantsyati* u. *bandhiṣyati;* Pass. *badhyate*, pp. *baddha-*. Inf. *banddhum* u. *bandhitum*) binden, umbinden, fesseln; (einen Damm) erbauen od. ausbessern; heften, richten auf (s. unter *āsthā-* u. *dhṛti-*).

m. नि festbinden; schriftlich fixieren.

m. सम् zusammen binden.

m. अभिसम् verbinden.

बल n. Kraft, Macht, Gewalt; Heer.

बलवत् stark, mächtig.

बलि m. Spende, Darbringung.

बलिन् stark, mächtig.

बहिः draußen; hinaus.

बहु, f. *-hu* u. *-hvī*, viel. *kiṃ bahunā* wozu die vielen Worte? kurz. *bahuśaḥ* vielfach, oftmals.

बहुमान m. Hochschätzung, Ehre.

बाण m. Pfeil.

बान्धव m. Verwandter.

बाल jung; m. Knabe, f. *bālā* Mädchen.

बालक m. Kind, Knabe.

बाल्य n. Kindheit, Jugend.

बाष्प m. Träne.

बाहव m. Arm.

बाहु m. Arm.

बीज n. Same.

बीभत्सु m. Name des Arjuna.

बुद्धि f. Einsicht, Verstand.

बुद्धिमत् einsichtig, klug.

बुध् (*bódhati* u. *-te; bubodha* u. *bubudhe;* aor. med. *abuddha*, 1. Si. *abhutsi; bhotsyate;* Pass. *budhyate*, pp. *buddha-*, pfp. *bodhya-;* K. *bodhayati*) erwachen, zur Erkenntnis kommen, merken, einsehen; pp. erwacht, wissend, weise. K. merken lassen, belehren, benachrichtigen.

m. नि auf etw. achten.

m. सम् dass. wie das Simpl.

बृहत् groß, erwachsen; weit.

ब्रह्मघातिन् m. Brahmanenmörder.

ब्रह्मचारिन्, f. *ī*, Keuschheit übend.

1. ब्रह्मन् *bráhman* n. Andacht, Opfer, Gottesdienst.

2. ब्रह्मन् *brahmán* m. Beter, Opferer; Brahmane; der Gott Brahman.

ब्रह्मर्षि m. ein priesterlicher Weiser.

ब्रह्महन् m. Brahmanenmörder.

ब्रह्माण्ड n. Brahma-Ei, Weltei; Weltall, Universum.

ब्राह्मण m. Brahmane; f. *ī* Brahmanin.

ब्रू § 104 (*brávīti* u. 3. Pl. *bruvánti*, med. *brūté*) sprechen, sagen, angeben, erzählen, antworten.

भ *bh*

भक्ति f. Verehrung, Ehrfurcht.

भक्ष् (*bhakṣáyati* u. *bhákṣati*, *-te;* pp. *bhakṣita-*) genießen, essen, aufzehren.

भक्ष्य eßbar; n. Speise.

भग m. Wohlstand, Glück; Name eines Gottes.

भगवत् erhaben, ehrwürdig (bes. von Lehrern und Göttern).

भङ्ग m. Bruch, Unterbrechung, Zerstörung.

भज् (*bhájati* u. *-te; babhāja* u. *bheje; abhāk* u. *abhākṣīt; bhakṣyati* u. *-te*, *bhajiṣyati* u. *-te;* pp. *bhakta-*) austeilen; sich entscheiden für ..., jem. lieben, verehren.

m. **आ** jem. (Akk.) Anteil an etw. (L.) verschaffen.

भञ्ज् (*bhanákti; babhañja;* Pass. *bhajyate*, pp. *bhagna-*) brechen, zerbrechen; vereiteln.

भण् (*bháṇati;* pp. *bhaṇita-*) sprechen.

भद्र erfreulich; n. Glück, Heil.

भय n. Furcht, Gefahr.

भयंकर, f. *ī*, Furcht erregend.

भरत m. Name eines fürstlichen Geschlechtes.

भर्तृ m. Gatte; Herr, Gebieter.

भर्तृव्रता f. dem Gatten ergeben.

भर्त्स् (*bhartsayati;* pp. *bhartsita-*. Ger. °*bhartsya*) anfahren, schelten.

m. **निस्** dass. wie das Simpl.

भव m. Entstehung, Sein.

भवत् § 62. 2; 76, Anm. 2, du (m. dem Verb. in d. 3. Pers.).

भव्य künftig.

भस्मन् n. Asche.

भस्मसात् zu Asche.

भा (*bhāti; babhau;* aor. 3. Pl. *abhuḥ; bhāsyati;* pp. *bhāta-*) leuchten, strahlen.

m. **प्रति** erscheinen; klar werden, verstanden werden.

भाग m. Teil, Anteil, Los.

भाण्ड n. Geräte, Schüssel.

भानु m. Licht, Glanz; Sonne.

भारत m. zum Geschlecht der Bharata gehörig, Bharatide.

भार्या f. Gattin.

भाव m. das Werden; Zustand.

भाविन् was sein, werden, eintreten wird.

भाष् (*bhāṣate;* pp. *bhāṣita-*) reden, sprechen.

m. **आ** anreden.

m. **समा** dass.

भास्वर leuchtend, glänzend.

भिक्षा f. Almosen.

भिद् (*bhinátti* u. *bhintté*, Imp. *bhinddhi; bibheda* u. *bibhide, bhetsyati* u. *-te;* Pass. *bhidyate*, pp. *bhinna-;* K. *bhedayati*. Inf. *bhettum*) spalten, brechen, durchbrechen, zerschmettern.

m. **प्र** spalten; pp. aufgeblüht; (von Elefanten:) brünstig.

भिषज् m. Arzt.

भी (*bibhéti* u. 3. Pl. *bibhyati*, ved. *bháyate; bibhāya* u. ppf. *bibhīvas;* aor. neg. *mā bhaiṣīḥ* od. *bhaiḥ;* Pass. *bhīyate*, pp. *bhīta-*, pfp. *bhetavya-;* K. *bhīṣayate* u. *bhāyayati*) sich fürchten; pp. furchtsam, erschrocken, geängstigt. K. in Furcht versetzen.

भीम m. Name eines Königs.

भीषय् K. zu **भी**.

भीषा f. Einschüchterung.

भीषित pp. des K. von **भी**.

भुक्ति f. Genuß.

भुज् (*bhunákti* u. *bhuṅkté; bubhoja* u. *bubhuje; bhokṣyati* u. *-te;* Pass. *bhujyate*, pp. *bhukta-*, pfp. *bhoktavya-;* K. *bhojayati;* Des. *bubhukṣate*) genießen, die Folgen v. etw. (Akk.) tragen.

m. **अनु** in der Folge genießen.

m. **उप** dass. wie das Simpl.

°भुज् EK. essend, genießend.

भुज m. Arm.

भुजग m. Schlange.

भुर् (*bhuráti* u. *-te;* Int. *jarbhurīti*, pprs. *-rāṇa-*) zappeln, zucken. Int. dass.

भुवन n. Welt.

भुसुण्डि f. eine best. Waffe.

1. **भू** (*bhávati* u. *-te; babhūva* § 116. 1; *abhūt*, u. ko. *bhuvāni; bhaviṣyati* u. *-te;* Pass. *bhūyate*, pp. *bhūta-*, pfp. *bhavitavya-* u. *bhāvya-;* K. *bhāvayati.* Inf. *bhavitum;* Ger. *bhūtvā*, °*bhūya;* K. Ger. °*bhāvya*) sein, werden; sich aufhalten, vorhanden sein; stattfinden, zuteil werden. *bhavatu* gut! pp. gewesen, geworden, vergangen, (s. auch bes.). K. hervorbringen.

m. **अनु** genießen, teilnehmen.

m. **परि** jem. umgehen, geringschätzig behandeln.

m. **प्र** hervorgehen, entspringen. pp. *prabhūta-* s. bes.

m. **सम्** entstehen, werden. K. sich vorstellen; jem. ehren. Pass. des K. *saṃbhāvyate* aussehen wie ...

2. **भू** f. Erde, Erdboden.

भूत pp. von **भू**; n. Geschöpf, Wesen; mn. Gespenst, Kobold.

भूतल n. Erde, Erdboden.

भूपति m. Fürst, König.

भूभृत् m. Träger der Erde, Berg.

भूमन् n. Erde, Welt.

भूमि f. Erde, Erdboden; Grundstück.

भूमिका f. Stockwerk.

भूयस् u. **भूयिष्ठ** Komp. u. Superl. § 69 mehr, reichlicher, mehrwert; am meisten usw.

भूरि reichlich, viel.

भूर्णि eifervoll, eifrig.

भूष् (*bhūṣati;* K. *bhūṣayati;* pp. *bhūṣita-*) pflegen. K. schmücken.

m. परि mit etw. ausrüsten.

भूषण n. Schmuck, Zierde.

भूस्तृण m. Name einer best. Pflanze

भृ (*bíbharti* u. *bibhṛté*, ved. auch *bhárati; babhāra* u. *babhre; abhārṣīt; bhariṣyati;* Pass. *bhriyate*, pp. *bhṛta-*, pfp. *bhartavya-*) tragen, erhalten, nähren.

m. नि verstecken; pp. *nibhṛta-* unbemerkt, heimlich, still.

भृति f. Unterhalt.

भृत्य m. Diener.

भृश stark. *-am* adv. sehr, heftig, wuchtig.

भेक m. Frosch.

भैक्ष n. Bettel, Almosen.

भैरव, f. *ī*, furchtbar, grausig.

भोः, vor tön. Lauten भो, interj. beim V. he! ach!

भोग m. Genuß, Speise; Lohn, Strafe.

भोजन n. das Genießen, Essen, Speise.

भौम, f. *ī*, aus der Erde wachsend.

भ्यस् (*bhyásate*) sich fürchten, beben.

भ्रंश् (*bhráśyati* u. *-te* od. *bhṛ́śyati* od. *bhráṃśate;* pp. *bhraṣṭa-*) fallen, herabfallen; einer S. (Ab.) verlustig gehen.

भ्रम् § 96. 3 b (*bhrámati* u. *bhrámyati; babhrāma; bhramiṣyati;* pp. *bhrānta-*. Inf. *bhramitum* und *bhrāntum;* Ger. *bhrāntvā*) umherschweifen, betteln.

भ्रातृ m. Bruder.

भ्रू f. Augenbraue.

म *m*

मकरध्वज m. (einen Delphin als Abzeichen habend), Name des Liebesgottes.

मङ्गल n. gutes Omen, Glück; Fest, Hochzeit.

मण्डप mn. Halle, Laube.

मण्डल n. Scheibe.

मण्डूक m. Frosch.

मत pp. von मन्; n. Ansicht, Meinung.

मति f. das Denken, Gedanke, Einsicht.

मत्तः Ab. d. Pron. d. 1. Pers. Si.

मत्स्य m. Fisch.

मथ् u. मन्थ् (*máthati, mánthati* u. *mathnā́ti*, intr. *mathyati; mamātha* u. *mamantha; amanthīt; mathiṣyati* u. *manth-;* Pass. *mathyate*, pp. *mathita-*) quirlen, schütteln; hart mitnehmen. Intr. in quirlender Bewegung sein, toben.

m. प्र dass. wie das Simpl.

1. मद् (*mā́dyati*, ved. auch *mádati, mándati, mamátti;* pp. *matta-*) freudig erregt sein; pp. berauscht, toll, brünstig.

m. प्र achtlos sein.

2. मद् St. d. Pron. d. 1. Pers. Si.

मद् m. Rausch, Brunst.

मदीय mein, mir gehörig.

मद्र m. Name eines Volksstammes.

1. मधु n. Honig; Pl. Honigsäfte.

2. मधु m. Name eines Daitya.

मधुलिह् m. N. Si. -*liṭ* § 22. 3, Biene.

मधुसूदन m. Vernichter des Madhu, Name des Kṛṣṇa.

मध्य n. Mitte, Körpermitte, Taille. -*e* in der Mitte, inmitten, in; -*ā* (= *madhya ā* ved.) dass.

मध्यग in der Mitte befindlich.

मध्यम mittler.

मन् (*manute* u. *mányate*, pprs. *manvāna-; mene* u. 3. Pl. *menire; amaṃsta; maṃsyate;* pp. *mata-* s. bes.; K. *mānayati.* Ger. *matvā*, °*matya;* K. Ger. °*mānya*) denken, glauben, meinen, halten für. K. hochschätzen, ehren.

m. अव gering schätzen, verachten.

m. सम् denken, glauben. K. ehren.

मनस् n. Sinn, Geist, Gemüt, Herz, Gedanke.

मनस्वत् geistbegabt, weise.

मनुष्य m. Mensch, Mann.

मनोभव m. Liebe, Liebesgott.

मनोरथ m. Wunsch.

मनोरम herzerfreuend, schön.

मन्त्र m. Spruch, Zauberspruch.

मन्त्रय् (*mantrayate* u. -*ti;* pp. *mantrita-*) ratschlagen, beraten.

m. अभि anreden, besprechen, weihen.

मन्त्रवादिन् m. Rezitierer von Sprüchen, Zauberer, Beschwörer.

मन्त्रिन् m. Ratgeber, Minister.

मन्द langsam, träge.

मन्दर m. Name eines heil. Berges.

मन्दिर n. Haus, Palast.

मन्यु m. Zorn, Jähzorn.

मय m. Name eines Asura.

°मय, f. *ī*, EK. aus etw. bestehend.

मरण n. das Sterben, der Tod.

मरुत् m. Pl. Name einer Götterklasse, die Sturmgötter.

मर्यादा f. Mark, Grenze.

मस्तक mn. Kopf, Schädel.

महत् § 62. 1 groß. AK. *mahā*°.

महन् n. Größe, Macht.

महर्षि m. ein großer Weiser.

महा° § 174. 3 AK. groß.

महात्मन् großherzig, hochgemut, weise.

महाधन sehr reich.

महानुभाव sehr würdevoll.

महाबल sehr mächtig.

महाभारत n. Name des ind. Nationalepos: das Lied von dem großen Krieg der Bhārata. Siehe II. S. 18.

महावन n. großer Wald.

महाहव m. ein großer Kampf.

महि groß.

महिमन् m. Größe; *mahinā* I. in hohem Grade.

महिष m. Büffel.

महिषी f. Gemahlin des Königs, Königin.

मही f. Erde.

महीतल n. Erdboden.

महीय् (*mahīyate*) sich freuen, fröhlich sein.

महोत्सव m. ein großes Fest.

1. **मा** § 107. 1 (*mā́ti* u. *mímīte; mamau* u. *mame;* Pass. *mīyate,* pp. *mita-*) messen, abmessen.

m. **वि** durchmessen.

2. **मा** nicht = μή (m. Aor., Imper., Pot.); damit nicht (m. Fut.).

मांस n. Fleisch.

माणव m. junger Brahmane.

मातापितरौ § 175, Anm., Du. Vater und Mutter, Eltern.

मातृ f. Mutter.

मात्रा f. Maß. EK. °*mātra-* das oder das Maß enthaltend, so oder so weit reichend, so oder so groß, lang usw.; nur, bloß.

माधव m. Nachkomme des Madhu, Name des Kṛṣṇa.

मान m. Ehre.

मानव m. Mensch.

मानुष m. Mensch, Mann; f. *ī* Weib, sterbliches Weib.

माया f. Blendwerk, Täuschung.

मारुत m. Wind, Sturm.

मार्ग m. Weg, Pfad.

मार्ताण्ड m. Vogel.

मास् u. **मास** m. Monat.

माहात्म्य n. Ansehen, Macht.

मित्र m. Name eines Gottes; n. Freund.

मित्रद्रुह् m. N. Si. °*dhruk* § 21, Anm., Verräter.

मित्रभाव m. Freundschaft.

मिथः zusammen, gegenseitig, unter- od. zu einander.

मिथ्या adv. (oft AK.) fälschlich, zum Schein, verkehrt.

मिल् (*miláti;* Ger. *militvā*) sich vereinigen, zusammenkommen, s. verbinden, kämpfen.

मी (*minā́ti* u. *-nóti; mimā́ya* u. *mimye; ameṣṭa; meṣyate;* pp. *mīta-*) mindern, verletzen.

m. **आ** vermindern, schädigen.

मीळ्हुस् huldreich, gnädig.

मुख n. Mund, Maul, Rachen; Antlitz, Angesicht; Anfang, Beginn.

मुग्ध pp. von **मुह्**.

मुच् § 96. 2 b (*muñcáti* u. *-te; mumoca* u. *mumuce; amucat,* ko. *mucāti,* u. *amukta; mokṣyati* u. *-te;* Pass. *mucyate;* pp. *mukta-;* Des. *mumukṣati* u. *-te.* Ger. *muktvā*) lösen, erlösen, retten, loslassen, entlassen, freilassen, (Geschosse) entsenden, (einen Ruf) erschallen lassen. Ger. mit Ausschluß von …, außer …

m. प्र loslassen, entsenden.
m. वि lösen, abschirren.
मुद् (*módate; mumude; amodiṣṭa; modiṣyate;* pp. *mudita-*) sich freuen; pp. erfreut.
m. प्र dass. wie das Simpl.
मुनि m. Weiser.
मुमुक्षा f. der Wunsch zu retten.
मुमोचयिषु zu befreien wünschend.
मुसल mn. Keule.
मुह् (*múhyati; mumoha; amuhat; mokṣyati* u. *mohiṣyati;* pp. *mugdha-* u. *mūḍha-;* K. *mohayati,* pp. *mohita-*) betört sein, töricht sein; pp. töricht, verwirrt, unwissend, unerfahren. K. täuschen, betören, blenden.
m. आ u. व्या dass. w. d. Simpl.
मूढ § 28. 3 c pp. von मुह्.
मूर्ख töricht, ungebildet; m. Tor, Dummkopf.
मूर्छ् § 89. 3 (*múrchati; mumūrcha; amūrchīt;* fut. periphr. *mūrchitā;* pp. *mūrchita-* u. *mūrta-*) fest werden, gerinnen.
m. सम् sich zusammenballen, sich enge verbinden.
मूर्ति f. Erscheinungsform, Abbild.
मूर्धन् m. Haupt, Kopf, Spitze.
मूल n. Wurzel; Anfang; Grund.
मूलखानक m. Wurzelgräber.
मूल्य n. Preis.

मृ § 96. 3 c (*mriyáte* u. ved. *márati; mamāra; mariṣyati;* pp. *mṛta-,* pfp. *martavya-;* K. *mārayati*) sterben; pp. verstorben, tot.
मृग m. wildes Tier, Gazelle.
मृगयस् m. Landtier, Wild.
मृगया f. Jagd.
मृळीक n. Gnade, Erbarmen.
मृत pp. v. मृ, tot; n. Tod.
मृत्यु m. Tod; Todesgott.
मृध n. Kampf, Schlacht.
मृश् (*mṛśáti; mamarśa; amṛkṣat* u. *amārkṣīt* od. *amrākṣīt; markṣyati;* pp. *mṛṣṭa-.* Inf. *marṣṭum;* Ger. °*mṛśya*) berühren; überlegen.
m. वि überlegen, bedenken.
मृष् (*mṛ́ṣyati* u. *-te* od. *márṣati* u. *-te; mamarṣa* u. *mamṛṣe;* K. *marṣayati,* pp. *marṣita-*) dulden, ertragen. K. dulden, nachsehen; pp. *a-marṣita-* ungehalten.
मृषा adv. umsonst; irrig, fälschlich, erdichtet.
मेघ m. Wolke.
मेध्य rein, durch den Genuß nicht verunreinigend.
मेनका f. Name einer Nymphe.
मेरु m. Name des Götterberges.
मैत्र, f. *ī,* freundlich, liebevoll.
मोकी f. Löserin (die Nacht).
मोक्ष m. Erlösung, Befreiung, Rettung.

मोक्षय् Denom. (*-yati*) erlösen, befreien.

मौर्ख्य n. Torheit, Unwissenheit.

मौल altherkömmlich.

य *y*.

य St. d. Pron. rel. s. **यद्**.

यक्ष m. Bez. einer Klasse halbgöttlicher Wesen.

यज् § 90. 1 (*yájati* u. *-te; iyāja* u. *ījе; ayāṭ* u. *ayaṣṭa* od. *ayakṣata; yakṣyati* u. *-te;* Pass. *ijyate*, pp. *iṣṭa-;* K. *yājayati*. Inf. *yaṣṭum;* Ger. *iṣṭvā*) opfernd verehren.

यज्ञ m. Gottesdienst, Opfer.

यत् (*yátate; pf.* 3. Pl. *yetire; ayatiṣṭa; yatiṣyate;* pp. *yatta-*, pfp. *yatitavya-;* K. *yātayati*) sich bemühen.

यतः woher, wohin; infolge wovon; weil, daß.

यत्न m. Anstrengung. *yatnataḥ* mit Mühe, eifrig; *ayatnena* ohne Mühe.

यत्र wo, wohin; = L. Si. von **यद्**. *yatra yatra* wo immer.

यथा wie, auf welche Weise (korrel. *tathā*); daß; wenn, wann. *yathā yathā* wie immer.

यथाविधि nach Vorschrift.

यथोक्त wie gesagt, wie geschildert; °*tam* u. °*tena* auf die angegebene Weise.

यद् § 80. 2 Pron. rel. welcher. *yo yaḥ*, *yaḥ kaścit* wer nur immer. — *yat* daß, damit; weil, wenn; dient zur Einführung der or. dir. *yena* daß, damit. *yasmāt* weil.

यदा (korrel. *tadā*) als, da, wenn, wann.

यदि wenn; ob. *yadyevam* wenn es so steht.

यम् § 96. 1 d (*yácchati* u. *-te*, ved. *yámati* u. *-te; yayāma* u. *yeme; ayaṃsīt* u. *ayaṃsata; yaṃsyati;* Pass. *yamyate*, pp. *yata-*. Inf. *yantum*) zügeln, zwingen, bändigen; jem. (L. D.) etw. darreichen, geben, schenken.

m. **उद्** emporheben, in die Höhe strecken; pp. gerüstet, bereit, bemüht um.

m. **अभ्युद्** u. **समुद्** dass.

m. **नि** (ved. aor. *nyayān*) festhalten, hemmen, bändigen; pp. *niyata-* s. bes.

m. **प्र** verleihen, geben, hingeben, zur Frau geben; jem. etw. zufügen. pp. richtig vorbereitet.

यम m. Bändiger, Name des Todesgottes.

यवस n. Gras, Futter, Weide.

यवागू f. Reisbrühe.

यवीयस् u. **यविष्ठ** Komp. u. Sup. jünger, der jüngste.

यशस् adj. herrlich, glänzend.

या § 106. 4 (*yā́ti; yayau* u. 1. Pl. *yayima; ayāsīt; yāsyati;* pp.

yāta-; K. yāpayati) gehen, kommen, gelangen; weggehen, vergehen; m. Akk. eines Abstr. (in einen Zustand) kommen, etw. werden.

m. अप weggehen, sich entfernen.

m. आ herzugehen, kommen, ankommen.

m. समा dass.

m. प्र sich aufmachen.

यात्रा f. Festzug, Prozession, Wallfahrt.

यात्रिक zum Unterhalt nötig.

याद्राध्यम् nach Möglichkeit.

यावत् wie viel, wie groß (korrel. *tāvat*). *yāvat* Präp. während, bis; Konj. sobald als, als, wie, bis; während, indem; bis daß, damit. *yāvat* — *tāvat* wielange — solange, während — da, als — da; *yāvanna* solange nicht, ehe, bevor.

यु (*yáuti; yuyuve;* pp. *yuta-*) verbinden; pp. ausgerüstet m. etw., voll v. etw.

युक्तग्रावन् der die Preßsteine (zum Keltern des Somatrankes) angeschirrt (d. h. bereit gestellt) hat.

युक्ति f. passendes Mittel, List; *yuktyā* mit List, unter irgend einem Vorwand.

युगल n. Paar.

युगान्त m. Ende einer Weltperiode, Weltuntergang.

युज् (*yunákti* u. *yuṅkté*, intr. *yujyati; yuyoja* u. *yuyuje; ayujat; yokṣyate;* Pass. *yujyate*, aor. *ayoji*, pp. *yukta-;* K. *yojayati*. Inf. *yoktum*) verbinden; anschirren; ausrüsten; (den Geist) auf etw. richten. *ātmani y°* für sich selbst verwenden. — Intr. od. Pass. passend sein, sich ziemen; pp. geschirrt; gerüstet, eifrig, entschlossen; passend, geziemend. — K. anspannen, ausrüsten.

m. अनु jem. befragen.

m. उप sich aneignen, annehmen; anwenden, gebrauchen.

m. नि anbinden. K. anspannen, befestigen.

m. प्र anspannen; in Tätigkeit setzen, anwenden, gebrauchen.

m. सम् verbinden, ausrüsten. K. zusammenfügen, hinzufügen; m. etw. (I.) ausrüsten.

युद्ध n. Kampf, Schlacht.

1. युध् (*yúdhyate* u. *-ti; yuyudhe* u. *yuyodha; ayuddha* u. *ayodhīt; yotsyate* u. *-ti;* pp. *yuddha-* s. auch bes., pfp. *yoddhavya;* K. *yodhayati*. Inf. *yoddhum*) kämpfen. K. bekämpfen.

2. युध् f. Kampf, Schlacht.

युवाम् Pron. d. 2. Person. Du. ihr zwei.

युष्मद् St. d. Pron. d. 2. Pers. Pl.

यूयम् Pron. d. 2. Pers. Pl. ihr.

योग m. Verbindung, Fügung; Bemühung; Erwerb, Geschäft. *yoyataḥ* mit Eifer.

योद्धृ m. Kämpfer, Streiter.

योनि mf. Leib, Mutterleib, Schoß; Heimstätte.

योषित् f. Frau, Ehefrau.

यौवन n. Jugend.

यौवराज्य n. Stellung und Würde des Kronprinzen und Thronfolgers.

र *r*

रक्त pp. von **रञ्ज्**; rot.

रक्ष् (*rákṣati; rarakṣa; arākṣīt; rakṣiṣyati;* pp. *rakṣita-*) behüten, beschützen, retten.

रक्षक m. Wächter, Hüter, Schutzmann.

रक्षा f. Schutz, Hut.

रक्षापुरुष m. Schutzmann, Wächter.

रक्षितृ m. Wächter, Hüter.

रच् (*racáyati;* pp. *racita-*) bereiten, verfertigen, herstellen, zurecht machen, verfassen.

रज् s. **रञ्ज्**.

रजनी f. Nacht.

रजस् n. Dunst, Nebel.

रञ्ज् od. **रज्** (*rájati* u. *-te* od. *rájyati* u. *-te;* pp. *rakta-;* K. *rañjayati* u. *-te,* pp. *rañjita-*) sich färben; anhängen, ergeben sein; pp. s. bes. K. färben; jem. gewinnen, an sich fesseln; pp. gefärbt, rot.
m. **अनु** sich in jem. verlieben. K. jem. für sich gewinnen.

रण mn. Kampf, Schlacht.

रत्न n. Kleinod, Juwel; Reichtum, Besitz.

रत्नधा Schätze schenkend.

रथ m. Wagen; Wagenkämpfer, Krieger, Held.

रथकार m. Wagner.

रथिन् m. Wagenkämpfer.

रथ्या f. Straße, Fahrstraße.

रध्र eifrig, gehorsam.

रभ् (*rábhate;* °*rebhe;* °*arabdha;* °*rapsyate;* pp. °*rabdha-*) fassen.
m. **आ** anfassen, beginnen. Ger. *ārabhya* von . . . an (m. Ab.)
m. **सम्** Med. u. Pass. (innerlich) erfaßt werden, in Aufregung geraten; pp. aufgeregt, wütend.

रम् (*rámate,* trans. ved. *ramṇāti; reme; araṃsta; raṃsyate;* pp. *rata-;* K. *ramayati* u. *rām-,* aor. *arīramat.* Ger. *ratvā,* °*ramya* u. °*ratya*) intr. zur Ruhe kommen, stille stehen; sich ergötzen. Trans. u. K. zur Ruhe bringen, aufhören machen.
m. **वि** (*viramati, virarāma*) aufhören, ablassen von (Ab.)

रयि m. Habe, Besitz, Reichtum.

रव m. Geschrei, Gebrüll.

रश्मि m. Zügel.

रस् (*rásati; rarāsa; arāsīt*) heulen, dröhnen.

रह् (*ráhati* u. *raháyati; pp. rahita-*) verlassen; pp. beraubt.

रहःस्थ an einem einsamen Ort befindlich, allein.

रहस् n. Einsamkeit; *rahaḥ* heimlich, insgeheim.

रहस्य geheim; n. Geheimnis.

राक्षस m. Unhold, Dämon.

राग m. Leidenschaft.

राज् (*rā́jati* u. *-te,* ved. auch *rā́ṣṭi; rarāja* u. *rarāje* u. *reje*) gebieten über (G.).

°राज EK. statt **राजन्** § 174. 5.

राजकन्या f. Königstochter, Prinzessin.

राजकुल od. **°गृह** n. Palast.

राजन् m. König.

राजपुत्र m. Prinz; f. *ī* Prinzessin.

राजमार्ग m. Hauptstraße.

राजीव n. blaue Lotosblume.

राज्ञी f. Königin.

राज्य n. Königreich.

रात्रि u. **°त्री** f. Nacht.

राधस् n. Gabe, Gut, Gunst.

राधा f. Name einer Hirtin, der Geliebten des Kṛṣṇa-Viṣṇu.

रि od. **री** (*riyáti* u. *riṇā́ti, riṇīté*) strömen lassen.

रुद् § 104. 2 (*róditi,* ved. auch *rudáti; ruroda; arodīt* u. *-dat; rodiṣyati* u. *rotsyati*) weinen, jammern, heulen.

रुद्र m. Name eines Gottes; Pl. Bez. einer Götterklasse.

रुध् (*ruṇáddhi* u. *runddhe* u. *rundhati; rurodha* u. *rurudhe; arautsīt* u. *arudhat,* ved. *araut; rotsyati;* pp. *ruddha-*) aufhalten, zurückhalten, hemmen, absperren.

m. **नि** dass. wie das Simpl.

m. **वि** pp. entgegengesetzt; verboten; mißlich, bedenklich.

m. **सम्** dass. wie das Simpl.

रुधिर n. Blut.

रुह् (*róhati; ruroha; aruhat* u. *arukṣat; rokṣyati* u. fut. periphr. *roḍhā;* pp. *rūḍha-,* pfp. *roḍhavya-;* K. *ropayati* u. *roh-*. Inf. *roḍhum* u. *rohitum*) in die Höhe steigen, ersteigen; wachsen, gedeihen.

m. **अधि** hinaufsteigen.

m. **आ** hinaufsteigen, besteigen; pp. reitend auf … K. hinaufsteigen lassen, emporheben, hinaufsetzen; aufnehmen.

m. **समा** dass.

m. **प्र** hervorkommen, aufgehen, wachsen.

रूक्ष von trockenem Geschmack.

रूढ pp. von **रुह्**.

रूप n. Art, Schönheit, Gestalt.

रूपक n. Rupie (ein Geldstück).

रूपिन् bekörpert, leibhaftig; mit Schönheit begabt. EK. die Gestalt von etw. besitzend.

रेखा f. Linie, Kreis.

रै m. Reichtum, Wohlstand.

रोढव्य pfp. von **रुह्**.

रोदसी f. Dual, die beiden Welten (Himmel und Erde).

रोधस् n. Wall, Schutzwehr, Ufer.

रोपय् K.-St. zu **रुह्**.

रोमाञ्चित dessen Härchen am Körper sich sträuben. (Zeichen höchster Lust).

रोष m. Zorn, Wut.

रौद्र, f. *ā* u. *ī*, wild, furchtbar.

रौहिण m. Name eines Dämonen.

ल *l*

लक्ष mn. Preis; hunderttausend.

लक्षण n. Zeichen, Merkmal.

लक्षय् Denom. (*lakṣáyati* u. *-te; Pass. lakṣyate*, pp. *lakṣita-*) kennzeichnen; erkennen, bemerken, wahrnehmen, erblicken.

लक्ष्मी § 45, Anm., f. Glück, Reichtum, Schönheit; Name der Glücksgöttin, Gemahlin des Viṣṇu.

लग्न n. Horoskop.

लघु, f. *-ghu* u. *-ghvī*, leicht, rasch; leichtsinnig; klein, gering.

लघुचेतस् engherzig.

लङ्घ् (*láṅghati* u. *-te*; K. *laṅghayati*) springen. K. sich über etw. hinwegsetzen, etw. hintertreiben.

लज्जा f. Scham, Schamgefühl.

लभ् (*lábhate; lebhe; alabdha; lapsyate*; Pass. *labhyate*, aor. *alābhi* u. *alambhi*, pp. *labdha-*; K. *lambhayati*; Des. *lipsate*) erlangen, finden, treffen, gewinnen, geschenkt erhalten. K. erlangen lassen, jem. (Akk.) etw. verschaffen.

m. **उप** erlangen; wahrnehmen.

लम्पट gierig, lüstern.

लम्ब् (*lámbate; lalambe; lambiṣyate*; pp. *lambita-*; K. *lambayati*) hangen.

m. **अव** herabhangen.

m. **आ** sich anklammern an, ergreifen.

लवण n. Salz.

लाङ्गल n. Pflug.

लिख् (*likháti* u. *-te*; *lilekha, alekhīt, likhiṣyati*; pp. *likhita-*) ritzen, schreiben, malen, zeichnen.

लिङ्ग् m. **आ** s. **आलिङ्ग्**.

लिङ्ग n. Kennzeichen, Merkmal.

लीला f. Spiel, Scherz.

लुप् § 96.2b (*lumpáti* u. *-te; lulopa*; pp. *lupta-*: K. *lopayati*, aor. *alūlupat* u. *alulopat*) rauben, plündern.

लुभ् (*lúbhyati; lulubhe*; pp. *lubdha-*) verlangen nach (D.), lieben; pp. habgierig.

लोक् (*lókate*; K. *lokayati*, pp. *lokita-*. Ger. °*lokya*) blicken.

m. **अव** meist K. schauen, hinschauen, ins Auge fassen, betrachten, erblicken.

m. **आ** u. **समा** meist K. dass.

लोक m. Welt; koll. u. Pl. Leute, Volk, Untertanen.

लोचन n. Auge.

लोभ m. Verlangen, Begierde.

लोमन् n. Haar (am Körper).

व *v*.

वक्तृ m. Sprecher, Redner.

वक्र krumm, unredlich, erfunden.

वच् § 90. 2 (*vákti*, ved. *vívakti; uvāca*, 3. Pl. *ūcuḥ*, med. *ūce*, ppf. *ūcivas-; avocat* § 123; *vakṣyati* u. *-te;* Pass. *ucyate*, pp. *ukta-*, pfp. *vaktavya-*, *vacanīya-* u. *vācya-;* K. *vācayati;* Des. *vivakṣati*. Inf. *vaktum;* Ger. *uktvā*) sprechen, reden; anreden; lehren, befehlen; nennen; pfp. anzureden, zu benachrichtigen. K. zu sprechen veranlassen, sich mit jem. beraten.

m. **प्र** verkünden, sagen, sprechen; anreden; beantworten; für etw. erklären.

m. **प्रति** erwidern, entgegnen (m. Akk. d. P.).

वचन n. Wort, Rede, Ruf, Stimme.

वचस् n. Wort, Rede, Sprache.

वज्र mn. Donnerkeil.

वज्रबाहु den Donnerkeil im Arm tragend, Name des Indra.

वज्रहस्त den Donnerkeil in der Hand tragend, Name des Indra.

वज्रिन् mit dem Donnerkeil bewehrt, Name des Indra.

वञ्च् (*váñcati;* K. *vañcayati;* Int. *vanīvañcīti* u. *vanīvacyate*) wanken; K. täuschen, hintergehen.

वञ्चना f. Täuschung, Betrug.

वणिज् m. Kaufmann.

°वत् Suff. bildet Adv. der Vergl.: gemäß, wie ... S. **विधिवत्**.

वत Interj. ach! wehe!

वत्स m. Kalb; zärtliche Anrede: Kind, Junge; f. *ā* Töchterchen.

वद् § 90. 2 (*vádati* u. *-te; uvāda* u. *ūde; avādīt; vadiṣyati;* Pass. *udyate*, aor. *avādi*, pp. *udita-*, pfp. *vādya-;* K. *vādayati* u. *-te*. Inf. *vaditum;* Ger. *uditvā*, *°udya*) sprechen, reden, sagen, anreden; mitteilen, erzählen.

m. **अभि** anreden, begrüßen. K. dass.

m. **आ** sprechen zu jem. (Akk.).

m. **वि** streiten, prozessieren.

m. **सम्** m. jem. (I.) etwas besprechen.

वदन n. Mund, Antlitz.

वध m. das Töten; Mörder.

वधू f. Braut, Ehefrau.

वन n. Wald.

वनौकस् m. Waldbewohner.

वन्द् (*vándate; vavande;* Pass. *vandyate*, aor. *(a)vandi*, pp. *vandita-*, pfp. *vandanīya-*. Inf. *vanditum*) Ehre erweisen, ehren.

वन्य im Wald wachsend, dem Wald entstammt.

वप् § 90. 2 (*vápati; uvāpa, ūpe; avāpsīt; vapsyati;* Pass. *upyate*, pp. *upta-*. Inf. *vaptum*) ausstreuen, säen.

m. **निस्** ausstreuen, zuteilen, darbringen.

वपुस् n. Gestalt.

वयम् Pron. d. 1. Pl. wir.

वयस्य m. Altersgenosse, Freund.

1. **वर** der vorzüglichste, beste. *varaṃ na* oder *v.* mit Abl. besser als.

2. **वर** m. Freier, Bräutigam, Freiwerber.

3. **वर** m. Wunsch.

वरकीर्ति männl. Eigenname.

वरत्रा f. Riemen, Seil.

वरीयः adv. weiter, ausgedehnter.

वरुण m. Name eines Gottes; Fisch.

वर्जम् adv. praep. außer, mit Ausnahme von . . .

वर्ण m. Farbe, Rasse.

वर्तक m. Wachtel.

वर्तमान pprs. Med. von **वृत्**, seiend, werdend; n. Zukunft.

वर्धन n. Stärkung, Förderung, Wachstum.

वर्ष m. Regen, Regenzeit, Jahr,

वर्षधर m. Eunuch.

वर्षा f. Regenzeit.

वल m. Name eines Dämonen.

वलाहक m. Wolke.

वली f. Hautfalte, Runzel.

वल्लभ m. Geliebter.

वल्ली f. Schlingpflanze.

वश m. Wille, Macht, Gewalt.

1. **वस्** § 90, 2 (*ucchati; uvāsa* u. 3. Pl. *ūṣuḥ;* pp. *uṣṭa-*) leuchten.

m. **वि** hell werden.

2. **वस्** § 90. 2 (*vásati; uvāsa* u. 3. Du. *ūṣatuḥ; avātsīt; vatsyati* u. *vasiṣyati;* Pass. *uṣyate*, pp. *uṣita-;* K. *vāsayati* u. *-te*. Inf. *vastum;* Ger. *uṣitvā* u. *uṣṭvā*, °*uṣya*) wohnen, hausen, verweilen.

m. **नि** u. **प्रति** dass. w. d. Simpl.

3. **वस्** § 90, Anm. (*váste*, Imper. 2. Si. *vasiṣva*, 2. Pl. *vadhvam* § 14. 5; *vavase; vatsyati*. Inf. *vasitum*) sich kleiden in (Akk.).

वसा f. Speck, Fett.

वसिष्ठ m. Name eines vedischen Sängers.

वसु, f. *vasvī*, gut; m. Pl. Bez. einer Götterklasse; n. Gut, Habe.

वसुधा f. Erde.

वसुमत् mit Gütern versehen; f. **वसुमती** Erde.

वसुरेतस् m. Feuer, Feuergott.

वस्तृ m. Erleuchter, Erheller.

वस्त्र n. Kleid, Gewand.

वह् § 90. 2 (*váhati* u. *-te; uvāha* u. *ūhe; avākṣīt; vakṣyati* u. *vahiṣyati*, u. periphr. *voḍhā;* Pass. *uhyate*, pp. *ūḍha-* § 28,3c; 147.2c; K. *vāhayati* u. *-te*. Inf.

voḍhum; Ger. *ūḍhvā*) trans. fahren, ziehen, führen; heimführen, heiraten; intr. fahren, fließen.

m. आ herbeifahren, herführen.

m. वि heimführen, heiraten. K. verheiraten, in die Ehe geben.

°वह EK. fahrend, mit sich führend.

वह्नि m. Feuer, Feuerpriester.

1. वा (i. Gr. *ve*) § 96. 3 a (*vá-yati* u. *-te; vavau; vayiṣyati;* pp. *ūta-*) weben; pprs. *vayantī* die Weberin.

2. वा oder; wohl, etwa (nach Pron. interr. u. rel.). *vā . . . vā* entweder . . . oder. *kiṃ vā* oder (in der Doppelfrage).

वाक्य n. Rede, Wort.

वाच् f. Stimme, Wort (auch personifiziert); Rede, Gebet.

वाच्य pfp. von वच्.

वाज m. Labung, Nahrung, Beute.

वाजय् Denom. (*vājáyati, -ayáti, -te*) laben, kräftigen, stärken.

वात m. Wind, Sturm.

वातसारथि m. der den Sturm zum Wagenlenker hat, Feuergott.

वातायन n. Fenster.

वात्स्यायन m. Name des Verf. eines Werkes über den Liebesgenuß.

वाद m. Wort, Rede; Streit.

वादिन् sagend, behauptend; hersagend. rezitierend.

वाद्य n. Musikinstrument.

वापी f. Teich.

वाम günstig, schön; link; n. Gut.

वायव्य dem Winde geweiht, windgleich.

वायस m. Krähe.

वायु m. Wind, Luft; Windgott.

वार m. Zeitpunkt; bei Zahlbegriffen: mal. *ekaṃ vāram* (noch) einmal; *vāraṃ vāram* wiederholt, oftmals.

वारण m. Elefant.

वारि n. Wasser.

वार्त्ता f. Neuigkeit, Begebenheit.

वार्ष्णेय m. aus dem Geschlechte der Vṛṣṇi stammend, Name des Kṛṣṇa.

वाल m. Schweifhaar.

वालुका f. Sand.

वास m. das Wohnen, Wohnung.

वासक n. Schlafgemach.

वासन्त, f. *ī*, im Frühling entstehend, Frühlings-.

वासव m. Name des Indra.

वासस् n. Kleidungsstück, Gewand.

°वासिन् EK. irg. wo wohnend.

वासुदेव m. Name des Kṛṣṇa-Viṣṇu.

वास्तव्य irg. wo ansässig; m. Einwohner.

वाहन n. Zugtier, Reittier, Pferd.

वि m. Vogel.

वि° Verbalpräf. weg, auseinander; AK. = frei von, ohne.

विंशति f. zwanzig.

विकृत unvollendet.

विग्रह m. Trennung, Zwist, Krieg.

विघात m. Abwehr, Hemmung.

विघ्न mn. Hemmnis, Hindernis, Übel.

विचित्र bunt, verschieden.

विचेतन ohne Besinnung, bewußtlos.

1. **विज्** (*vinákti* u. *vijáte, -ti; vivijre* 3. Pl.: pp. *vikta-* u. *vigna-*) erschreckt, bestürzt werden.

m. **उद्** u. **समुद्** dass.

2. **विज्** f. Gewinn (?).

विजेतृ m. Sieger, Besieger.

विज्ञान n. Wissen, Kenntnis, Kunst.

विज्ञानिन् gelehrt.

वित्त n. Habe, Besitz.

1. **विद्** (*vétti,* Imper. *viddhi; veda* § 116. 5, ppf. *vidvas-* s. auch bes.; *vediṣyati;* Pass. *vidyate,* pp. *vidita-;* K. *vedayati* u. *-te;* Des. *vividiṣati*) wissen, verstehen, kennen; pp. erkannt, bekannt.

m. **नि** K. jem. etw. zu wissen tun, melden, mitteilen, ansagen.

2. **विद्** § 96. 2b (*vindáti* u. *-te,* ved. Impf. auch *avidam; viveda;* aor. 1. Si. med. *avitsi; vetsyati* u. *-te;* Pass. *vidyate,* pp. *vitta-* s. auch bes. u. *vinna-*. Inf. *vettum;* Ger. *vittvā*) finden; Pass. sich finden, vorhanden sein; es gibt.

m. **अनु** finden, auffinden.

m. **निस्** Pass. (pp. *nirviṇṇa-*) überdrüssig werden, verzagen.

°**विद्** EK. wissend, kundig.

विदथ n. Versammlung, Opfergenossenschaft, Gemeinde.

विदर्भ m. Name eines Volksstammes.

विद्ध pp. von **व्यध्**.

विद्या f. Wissen, Kenntnis, Kunde, Gelehrsamkeit, Wissenschaft.

विद्याधर m. Name einer Klasse von Luftgenien.

विद्युत् f. Blitz.

विद्वस् ppf. vom 1. **विद्**; wissend, weise.

विधवा f. Witwe.

विधा f. Art und Weise; EK. °*vidha-* so und so beschaffen; *evaṃvidha-* s. bes.

विधातृ m. Schöpfer.

विधान n. Regel, Vorschrift.

विधि m. Vorschrift, Lehre; Verfahren, Handlung, Art und Weise.

विधिवत् adv. vorschriftsmäßig.

विधूम m. Feuer.

विनय m. Sitte, Zucht.

विनयवती weibl. Eigenname.

विना Präp. u. Postp. ohne, mit Ausnahme von (m. Akk., I.).

विनाश m. Verderben, Untergang.

विनाशन vernichtend; n. Vernichtung.

विनिर्णय m. Entscheidung.

विप् (i. Gr. *vep*) (*vépate*, pprs. *vepamāna-; K. vepayati* u. *vip-*, aor. *avīvipat*) zittern, beben.

विपत्ति f. Unfall, Unglück.

विपद् f. dass. wie das vor.

विपरीत pp. von इ m. वि-परि; umgekehrt, verkehrt, falsch.

विपर्यय m. Vertauschung, Verfehlung, Übergriff.

विपर्यास m. Vertauschung, Irrtum.

विपाक m. das Reifen; Verdauung, Verarbeitung.

विप्र m. Priester, Brahmane.

विफल fruchtlos, nutzlos.

विफलता f. Fruchtlosigkeit.

विभावसु m. Feuer, Feuergott.

विभीदक n. die als Würfel gebrauchte Nuß eines best. Baumes; Würfel.

विमान, f. *ī*, von einem Ende zum anderen reichend.

विमुख sich umkehrend, sich abwendend, unverrichteter Sache abziehend.

विमोच m. Befreiung, Rettung.

वियत् n. Luftraum.

वियोग m. Trennung.

विरज ohne Staub, rein, lauter.

विराव m. Geschrei, Gebrüll.

विरोध m. Trennung, Entzweiung.

विलय m. das Aufhören, Ende, Vernichtung.

विवाद m. Streit, Prozeß.

विवादिन् streitend, prozessierend.

विवाह m. Eheschließung, Hochzeit.

विविध mannigfaltig.

विवृद्धि f. Wachstum, Förderung.

विश् (*visáti* u. *-te; viveśa* u. *viviśe; avikṣat* u. *-ata; vekṣyati* u. periphr. *veṣṭā;* pp. *viṣṭa-*, pfp. *veṣṭavya-;* K. *veśayati.* Inf. *veṣṭum*) eingehen in, stürzen in (Akk.); sich niederlassen.

m. आ hineingehen, durchdringen; pp. erfüllt v. etw.

m. समा eindringen, sich bemächtigen.

m. प्र hineingehen, (m. Akk. L.) betreten, eindringen; zu jem. gehen.

m. सम् eintreten; sich niederlassen, sich hinlegen.

विशङ्का f. Furcht, Zögern.

विशांपति m. Fürst.

विशारद kundig, erfahren.

विशेष m. Unterschied; das beste, vortrefflichste v. etw.; *-ena, -ataḥ* gar sehr, in hohem Grad, ganz besonders.

विश्व § 80. 3, Anm. all, jeder. *-ataḥ* von allen Seiten.

विश्वह immerdar, überall.

विश्वास m. Vertrauen.

विश्वासघात m. Vertrauensbruch.

विष n. Gift.

विषम n. Unebenheit.

विषय m. Gebiet, Bezirk, Land, Bereich, Sinnesobjekt.

विषाद् m. Betrübnis, Leid.

विष्णु Name eines Gottes.

विस्मय m. Erstaunen.

विहग m. Vogel.

विहारिन् wohnend, sich ergehend, sich vergnügend.

वीत pp. von **इ** m. **वि**; vergangen, entschwunden, gewichen; AKBah. frei v. etw.

वीतिहोत्र der zum Opfermahle ruft.

वीथी f. Straße.

वीर m. Mann, Held.

वीरवत् heldenreich, reich an Männern.

वीर्य n. Mannhaftigkeit, Mut.

1. **वृ** (*vṛṇóti* u. *vṛṇuté*, ved. auch *várate; vavāra* u. *vavre; avārīt* u. ved. *avar; variṣyati* u. *varī-*; pp. *vṛta-*, pfp. *vārya-*, *vāraṇīya-*; K. *vārayati* u. *-te*. Inf. *vartum* u. *-ītum*) verhüllen, umschließen, hemmen, aufhalten (*avāraṇīya-* s. bes.). K. abhalten v. etw. (Ab.).

m. **आ** bedecken; pp. bedeckt, umringt von ...

m. **नि** zurückhalten. K. abwehren.

m. **परि** umgeben, umringen. K. dass.

m. **प्रति** K. abwehren, abhalten.

m. **सम्** verhüllen, einhüllen.

2. **वृ** (*vṛṇā́ti* u. *-ṇīté, vṛṇóti* u. *-ṇuté; vavāra* u. *vavre; avariṣṭa* u. *avṛta;* pp. *vṛta-;* K. *varayati* u. *-te*. Inf. *varitum* u. *-ītum*) wählen, wünschen.

वृक्ष m. Baum.

वृज् (*várjati, vṛṇákti* u. *vṛṅkté; vavarja* u. *vavṛje; avṛkṣat* u. *avārkṣīt; varkṣyati* u. *-te;* Pass. *vṛjyate,* pp. *vṛkta-;* K. *varjayati*) abwenden. K. vermeiden, verzichten auf (Akk.).

वृत् (*vártate,* ved. auch *vártti, vavartti,* pprs. *vartamāna-* s. bes.; *vavṛte; vartiṣyate* u. *vartsyati;* pp. *vṛtta-* s. auch bes.; K. *vartayati* u. *-te;* Des. *vivartiṣate* u. *vivṛtsati;* Int. *varīvṛtyate, varvṛtīti* u. a. Inf. *vartitum*) sich wenden; sich verhalten, tun, verfahren, sich abgeben mit (I.); sein, leben, sich befinden, stattfinden, vorhanden sein; es gibt; geschehen; gereichen zu (D.). K. verrichten, tun, leben.

m. **अनु** nachgehen, folgen, anhängen.

m. **आ** sich herwenden.

m. **समा** (3. Si. Präs. *-vavarti* statt *-vavartti*) heimkehren.

m. **नि** sich zurückwenden; weggehen, abstehen v. etw.

m. **परि** sich drehen.

m. **विपरि** sich wälzen, rollen.

m. सम् entstehen, werden; stattfinden, geschehen.

वृत्त pp. von वृत्; n. Gut, Geld, Vermögen; Begebenheit, Geschichte; Betragen, Verhalten.

वृत्तान्त m. Geschichte, Begebenheit.

वृत्ति f. Verfahren, Tun; Lebensunterhalt, Erwerb, Gewerbe.

वृत्रहन् m. Töter des Dämonen Vṛtra, Name des Indra.

वृद्धि f. Mehrung, Glück.

वृध् (*várdhate* u. *-ti*, ved. auch *vṛdháti*, pprs. *vardhamāna-*; *vavardha* u. *văvṛdhe*; *vardhiṣyate* u. *vartsyati*; pp. *vṛddha-*; K. *vardhayati*, aor. *avīvṛdhat*, pp. *vardhita-*) trans. fördern; intr. wachsen, gedeihen, gesegnet sein. K. groß machen, fördern, stärken.

m. सम् heranwachsen. K. verstärken, vermehren.

वृन्द n. Schar, Trupp, Menge.

वृष् (*várṣati*; *vavarṣa*; *avarṣīt*; *varṣiṣyati*; pp. *vṛṣṭa-*) regnen lassen, regnen.

m. प्र Regen strömen lassen.

वृषभ m. Stier, Held.

वेग m. Ungestüm, Wucht, Schnelligkeit, Hast.

वेगवत् ungestüm, schnell, flink.

वेणु m. Rohr, Bambusrohr.

1. वेद m. Veda, die heil. Schrift.

2. वेद m. Name eines Schülers des *Āpoda*.

वेदना f. Schmerz.

वेदि und वेदिका f. Altar.

वेदिन् wissend, kundig.

वेप् s. unter विप्.

वेला f. Grenze, Gestade, Küste; Zeitgrenze, Zeit.

वेश्या f. Hetäre, Dirne.

वेष m. Kleid, Gewand.

वै hebt das vorangehende Wort hervor; oft bedeutungslos.

वैकुण्ठीय zum Paradies Vaikuṇṭha, dem Himmel Viṣṇus, in Beziehung stehend.

वैखानस m. Schüler od. Anhänger des Weisen Vikhānasa.

वैताना अग्नयः Pl. die verteilten Feuer.

वैतानिक auf die verteilten Feuer bezüglich.

वैद्य m. Arzt.

वैनतेय m. Sohn der Vinatā, Name des Garuḍa (s. hier).

वैवाहिक n. Hochzeitsfeier.

वैशंपायन m. Name eines berühmten Lehrers.

वैश्य m. Angehöriger der dritten Kaste.

व्यञ्जन n. Merkmal.

व्यतिकर m. Vereinigung, Mischung.

व्यतिक्रम m. Überschreitung.

व्यथ् (*vyáthate*, pprs. *vyathamāna-*; *vivyathe*; K. *vyathayati*) wanken.

व्यध् § 90. 1 (*vídhyati*; *vivyādha*

u. 3. Du. *vividhatuḥ; avyātsīt; vetsyati* u. periphr. *veddhā*; Pass. *vidhyate*, pp. *viddha*-) treffen, durchbohren.

m. आ im Kreise bewegen, herumschwingen.

व्यवहार m. Vorgang, Verfahren.

व्यसन n. Mißgeschick, Unglück.

व्यसु entseelt, leblos.

व्या § 96. 3a (*vyáyati* u. *-te; vivyāya* u. *vivye; avyat* u. *avyata*; pp. *vīta*-) einhüllen; Med. sich hüllen.

m. सम् zusammenwickeln.

व्याकुल erfüllt; bestürzt, erregt. *-lībhū* § 173 bestürzt werden.

व्याकुलय् Denom.; pp. *vyākulita*- bestürzt, verwirrt, aufgeregt.

व्याघ्र m. Tiger.

व्याध m. Jäger. *vyādhāyate* § 161 gleicht einem J., ist wie ein J.

व्यालग्राह m. Schlangenfänger.

व्युष्ट pp. vom 1. वस् m. वि.

व्योमन् n. Himmel, Luftraum, Luft.

व्रज् (*vrájati; vavrāja; avrājīt; vrajiṣyati*; pp. *vrajita*-. Inf. *vrajitum*) gehen.

m. परि als obdachloser Bettler umherziehen.

m. प्र in das Asketenleben übertreten.

व्रज m. Hürde, Stall.

व्रत n. Satzung, Gebot. S. auch पतिव्रता u. भर्तृव्रता.

श *ś*

शंस् § 92. 3 (*śáṃsati; śaśaṃsa; śaṃsiṣyati*; Pass. *śasyate*; pp. *śasta*- u. *śaṃsita*-. Ger. °*śasya*) angeben; loben, preisen.

m. प्र loben, preisen; pp. gepriesen, trefflich, günstig.

शक् (*śaknóti*, 3. Pl. *śaknuvanti*, u. *śakyati; śaśāka* u. 3. Pl. *śekuḥ; aśakat; śakṣyati*; Pass. *śakyate*, pp. *śakta*-) vermögen, können, imstande sein. Pass. möglich sein; pp. fähig, imstande.

शकल mn. Scherben.

शकुन्तला weibl. Eigenname.

1. शक्ति f. das Können, Vermögen; Kraft, Macht. °*taḥ* nach Vermögen.

2. शक्ति f. Speer.

शक्मन् n. Unternehmen, Werk.

शक्य möglich, fähig, imstande.

शक्र m. Name des Indra.

शङ्क् (*śáṅkate; śaśaṅke; aśaṅkiṣṭa*; pp. *śaṅkita*-. Inf. *śaṅkitum*) Bedenken tragen, sich fürchten. *aśaṅkitam* adv. ohne Furcht, unbedenklich.

शङ्का f. Furcht, Sorge.

शङ्ख m. Muschel (als Kriegstrompete, Abzeichen des Viṣṇu).

शचीपति m. Gatte der Sacī, Name des Indra.

शत n. hundert. *śataśaḥ* zu hunderten.

शतक्रतु hundertkräftig; m. Name des Indra.

शतिन् hundert besitzend.

शत्रु m. Feind.

शप् (*śápati* u. *-te,* auch *śápyati; śaśāpa* u. *śepe; śapsyati* u. *-te;* K. *śāpayati*) schwören; fluchen, verfluchen. K. bei etw. (I.) schwören lassen, vereidigen.

शब्द m. Schall, Klang, Ton, Stimme. *-aṃ kṛ* die Stimme erheben, rufen.

1. शम् (Imper. *śamīṣva; śaśame; aśamiṣṭa;* pp. *śamita-*) sich mühen. pprs. *śaśamāna-* eifrig bemüht, tätig.

2. शम् § 96. 3b (*śāmyati; śaśāma; aśamat;* pp. *śānta-;* K. *śamayati*) sich beruhigen, stille werden, aufhören. K. zur Ruhe bringen, besänftigen, stillen, löschen.

m. प्र u. संप्र dass. w. d. Simpl.

3. शम् indekl. Heil, Freude.

शमी f. Bez. einer Pflanzenart.

शम्बर m. Name eines Barbarenfürsten.

°शय EK. liegend, ruhend auf etw.

शयन n. Lager, Bett.

शय्या f. dass. wie das vor.

शर m. Rohr, Pfeil. *śarāyate* § 161 gleicht einem Pfeile.

शरण n. Schutz, Zufluchtsort.

शरद् f. Herbst, Jahr.

शरीर n. Körper, Leib.

शरीरवत् bekörpert.

शरीरिन् bekörpert; m. Körperwesen, Geschöpf. *aśarīrin* s. bes.

शरु fm. Geschoß, Speer, Pfeil.

शर्करा f. Kies, Geröll.

शर्धत् trotzend.

शर्मन् n. Schirm, Schutz.

शश्वत्, N. Si. *-ān,* jeder, all. *śaśvat* adv. ständig; *śaśvattamam* immer wieder.

शस्त्र n. Mordwaffe, Messer.

शा (i. Gr. *śo*) § 96. 3a (*śyáti* u. ved. *śíśāti, śíśīte; aśāsīt* u. *aśāt;* pp. *śāta-* u. *śita-*) wetzen, schärfen.

m. नि dass. pp. *niśita-* scharf.

शाक n. Kraut.

शाकुनिक m. Vogelsteller.

शाखा f. Zweig, Ast; Schule.

शाप m. Schwur, Fluch. *-aṃ dā* schwören, verfluchen.

शारद, f. *ī,* im Herbst reifend, herbstlich.

शार्दूल m. Tiger.

शाल m. ein best. Baum.

शाल्मली f. ein best. Baum, Wollbaum.

शास् § 92. 1b (*śāsti,* 3. Pl. *śāsati,* Imper. 2. Si. *śādhi* § 14. 5, Impf. 3. Si. *aśāt* § 24, Anm. 1 a. E.; *śaśāsa; aśiṣat; śāsiṣyati;* Pass. *śiṣyate* u. *śāsyate,* pp. *śiṣṭa-, śāsita-* u. *śāsta-*) beherrschen; lehren.

शास्त्र n. Lehrbuch.

शिखर mn. Spitze, Gipfel.

शिग्रुक m. eine best. Pflanze.

शिप्रा f. Backe, Kinnlade.

शिरस् n. Haupt.

शिल्पिन् kunstreich; m. Künstler.

शिव m. Name eines Gottes.

शिष्य m. Schüler.

शी § 105. 2 (*śéte* u. 3. Pl. *śerate*, Opt. *śayīta*, Impf. *aśeta*, pprs. *śayāna-*; *śiśye* u. 3. Pl. *śiśyire*. Ger. *śayitvā*) ruhen, am Boden liegen.

शीघ्र rasch, schnell.

शीत kalt, kühl; n. Kälte.

शीतल kalt, kühl.

शीर्ण pp. von शॄ.

शील n. gute Sitte, Ehrenhaftigkeit.

शुक्ल hell, licht, rein; m. die lichte Monatshälfte.

शुच् (*śócati* u. *śúcyati*; *śuśoca*; *aśociṣat*; *śociṣyati*. Inf. *śocitum*) brennen; betrübt sein über (Akk.), trauern.

शुद्धि f. Reinigung, Läuterung.

शुभ् (*śóbhate* u. a.; *śuśubhe*; *śobhiṣyate*; pp. *śubhita-*; K. *śobhayati*) schön sein, glänzen.

शुभ gut, schön.

शुश्रूषण n. Wunsch zu hören, Gehorsam, Dienst.

शुश्रूषा f. dass. wie das vor.

शुश्रूषु zu hören wünschend, gehorsam, ergeben.

शुष् (*śúṣyati*; *śuśoṣa*; *śokṣyati*; Pass. *śuṣyate*; K. *śoṣayati*) trocken werden, austrocknen; Pass. dass. K. trans. austrocknen, ausdörren.

m. सम् dass. wie das Simpl.

शुष्म m. Glut, Mut, Ungestüm.

शून्य leer, öde, verlassen.

शूल mn. Spieß.

शॄ (i. Gr. *śṝ*) § 96. 3 c; 140. 3; 148. 4 (*śṛṇā́ti* u. intr. *śīryati*; *śaśre*. *śariṣyate*; Pass. *śīryate*, pp. *śīrṇa-*. Ger. °*śīrya*) Pass. brechen, sich lostrennen.

m. परि u. वि Intr., Pass. zerspringen, bersten, zerstieben.

शृगाल m. Schakal.

शृङ्ग n. Horn; Spitze, Gipfel.

शृध्या f. Trotz.

शेष m. Rest, das übrige. *aśeṣataḥ* ohne Rest, vollständig.

शैल m. Fels, Berg.

शोक m. Flamme; Leid, Kummer.

शोष m. das Austrocknen, Versiegen.

श्मश्रु n. Bart.

1. श्रद्धा s. unter धा m. श्रद्.

2. श्रद्धा f. Vertrauen, Glaube.

श्रब्ध pp. von श्रम्भ्.

श्रम् § 96. 3 b (*śrā́myati*; Pf. 3. Pl. *śremuḥ* u. *śaśramuḥ*; pp. *śrānta-*; K. *śrāmayati* u. *śram-*) sich ermüden, müde werden.

m. परि sich sehr abmühen.

m. वि ausruhen.

श्रम m. Ermüdung.

श्रम्भ् (*śrámbhate;* pp. *śrabdha-*) zuversichtlich sein.

m. **वि** pp. zuversichtlich, mutig.

श्रवस् n. Ruhm, Preis.

श्रि (*śráyati* u. *-te; śiśrāya* u. *śiśriye; śrayiṣyati;* pp. *śrita-*. Ger. *°śritya*) sich lehnen, sich stützen, sich zu jem. begeben, sich an jem. halten.

m. **अभि** sich zu jem. (Akk.) flüchten.

m. **आ** sich stützen auf ..., irg. wo (Akk.) liegen; sich wohin begeben, sich an jem. anschließen.

m. **समा** sich wohin begeben.

m. **उप** sich an od. auf etw. (L.) legen.

श्री f. Schönheit, Glück; Name der Göttin Lakṣmī. Oft steht *śrī* vor den Namen von Göttern, hohen Persönlichkeiten, Büchertiteln usw. zum Ausdruck ihrer Würde.

श्रु § 110. 1 (*śṛṇóti; śuśrāva; aśrauṣīt* u. ved. *aśrot; śroṣyati;* Pass. *śrūyate,* pp. *śruta-;* K. *śrāvayati;* Des. *śuśrūṣate.* Inf. *śrotum;* Ger. *śrutvā, °śrutya*) hören, vernehmen; pp. bekannt, berühmt. K. verkündigen.

m. **उप** anhören, vernehmen.

m. **प्रति** einwilligen, versprechen, zusagen.

श्रुति f. Offenbarung, geoffenbarter heiliger Text.

श्रुष्टि f. das Hören, Gehorsam.

श्रेयस् u. **श्रेष्ठ** (auch *śreṣṭhatama-*) § 69, Komp. besser, vorzüglicher; n. Segen, Heil. Superl. der beste usw.

श्रेष्ठिन् m. Kaufmann, Kaufherr.

श्रोणि f. Hüfte.

श्रोतृ m. Hörer.

श्रोत्र n. Ohr, Gehör.

श्रोत्रिय m. ein mit dem Veda vertrauter Brahmane.

श्लेष्मातक m. eine best. Pflanze.

श्लोक m. Vers.

श्वघ्निन् m. Spieler.

श्वन् § 56. 1 m. Hund.

श्वशुरक m. Schwiegervater.

श्वस् § 104. 2 (*śvásiti; śaśvāsa; aśvasīt* u. *-sat; śvasiṣyati;* pp. *śvasita-* u. *°śvasta-;* K. *śvāsayati,* pp. *śvāsita-*. Inf. *śvasitum*) schnaufen.

m. **आ** aufatmen, sich trösten, froh sein.

m. **वि** Vertrauen haben; pp. vertrauend, mutig.

श्वेत weiß

ष *ṣ*

षड्विंशति f. sechsundzwanzig.

षष् § 73. 4 sechs.

स *s*

स, सः N. Si. des Pron. dem. S. **तद्**.

स° AKBah. etwas bei sich od.

mit sich habend, § 178, Anm. 1; z. B. *sacetana-* bei Besinnung (die B. bei sich habend), *saviṣāda-* betrübt usw. Adv. *sagadgadam* unter Gestammel.

संरक्षण n. das Bewachen, Bewahren.

संवत्सर m. Jahr.

संविभागिन् mit teilnehmend.

संवृज् Beute erwerbend.

संशय m. Zweifel, Furcht, Gefahr.

संसिद्धि f. Vollkommenheit.

संस्पर्श m. Berührung.

सकल vollständig, ganz, all.

सकाश m. Nähe, Gegenwart. *-am* hin zu jem.

सकृत् einmal. *asakṛt* wiederholt, oft.

सक्त pp. von सञ्ज्.

सखि § 44. 1 m. Freund; f. *ī* Freundin.

सगद्गदम् unter Gestammel.

सगर्वम् voll Stolz.

संकल्प m. Wunsch, Wille, Absicht.

संकुल gedrängt, voll v. etw., reichlich versehen m. etw.; n. Gedränge.

संकेत m. Verabredung, Stelldichein.

संक्रमण n. Verbindung m. etw.. Eingehen in etw.

संक्षय m. Vernichtung, Untergang.

सङ्ग m. das Haften, Hang zu etw., Gelüste.

संगथ m. Zusammenfluß, Vereinigung.

संगम m. Zusammenkunft, Verkehr, Umgang.

संघ m. Schar, Haufe, Menge. *saṃghaśaḥ* in Menge, haufenweise.

संघात m. Verbindung, Schar, Menge.

सच् (*sácate; saśce; asakṣata* u. ved. (*a*)*saścat*) folgen, begleiten.

सचेतन bei Bewußtsein.

सजीव am Leben, lebendig.

सज्ज mit der Sehne versehen, fertig, bereit.

संचय m. Ansammlung, Vereinigung, Zusammenfügung.

संचयिक ansammelnd.

संचरण n. das Bewegen.

संचारिन् sich bewegend.

सञ्ज् (*sájati; sasañja, asāṅkṣīt; saṅkṣyati;* pp. *sakta-*) hangen, haften.

m. आ dass.; pp. befestigt, geheftet, gerichtet auf etw.

सत् pprs. von अस्, seiend; gut, edel, weise.

सततम् stets, ständig.

सत्तम Superl. zu सत्.

सत्त्व n. Sein, Leben, Geist; mn. Wesen, Geschöpf.

सत्य wahr, wahrhaft, treu; n.

Wahrheit, Treue. *satyam* der Wahrheit gemäß, wahrhaftig, richtig.

सत्वरम् eilig, alsbald.

सद् § 96. 1c (*sī́dati* u. *sīdáti*, ved. auch St. *sáda-; sasāda* u. 1. Pl. *sedima; satsyati;* pp. *sanna-;* K. *sādayati*) sich setzen, sitzen.

m. **आ** sich hinsetzen, gelangen zu . .; pp. *āsanna-* s. auch bes. K. gelangen zu . . ., sich nähern.

m. **प्रत्या**, pp. *pratyāsanna-* s. bes.

m. **समा** dass. wie m. **आ**.

m. **नि** (*niṣad*) sich niederlassen.

सदा immer, stets.

सदृश् u. **सदृश**, f. *ī*, ähnlich, gleich.

सद्यः sogleich, sofort.

सनातन, f. *ī*, dauernd, ewig.

सनाथ versehen m. etw.

संताप m. Glut, Hitze; Kummer.

संधान n. Verbindung, Verkehr.

संधि m. Verbindung, Verbindungsstelle.

संध्या f. Dämmerung, Abend.

सन्न pp. von **सद्**.

संनिधि m. Gegenwart, Anwesenheit.

°**संनिभ** EK. ähnlich.

सप्त § 73. 3 sieben.

सप्तरश्मि sieben Zügel führend.

सप्तविंशति f. siebenundzwanzig.

सप्तार्चिस् siebenstrahlig; m. der Feuergott.

सभय voll Furcht, schüchtern.

सम्° Präf. zusammen, mit.

सम gleich; all, ganz. *samam* zugleich mit, zusammen mit (I.).

समकालम् gleichzeitig.

समक्षम् in Gegenwart von . . .

समञ्जसम् adv. ordnungsgemäß, richtig.

समद् f. Kampf, Schlacht.

समन्त benachbart. *samantataḥ* auf od. von allen Seiten, rings.

समय m. Vertrag; festgesetzte, passende Zeit; Lehre, Satzung.

समर m. Treffen, Kampf.

समवाय m. Ansammlung, Menge.

समस्त pp. vom 2. **अस्** m. **सम्**, verbunden; vollständig, all, ganz.

समा f. Jahr.

समाकुल voll, erfüllt von etw.

समागम m. Zusammenkunft, Verkehr.

समाज m. Versammlung, Feier, Fest.

समान gleich, derselbe. °*nam* adv. übereinstimmend.

समीप nahe; n. Nachbarschaft, Nähe, Gegenwart. *-am, -e, -ataḥ* zu jem. hin, in jem. Nähe, nahe bei.

समुद्र m. Ozean.

संपत्ति f. Gelingen, Glück.

संभव m. Erzeugung, Geburt; EK. irg. woher stammend.

संमान m. das Ehren, Ehre.

संमोहन, f. *ī*, verwirrend, betörend.

सम्यक् adv. vollständig, richtig.

सरल gerade.

सरस् n. See, Teich.

सरोष erzürnt, wütend.

सर्प m. Schlange.

सर्व § 80.3, Anm. all, ganz, jeder.

सर्वज्ञता f. Allwissenheit.

सर्वतः von allen Seiten, allerwärts, überall, ganz und gar.

सर्वत्र überall, in allem.

सर्वदा jederzeit, immer.

सर्वशः vollständig, ganz und gar.

सर्वभूतात्मन् m. aller Wesen Seele, Name des Viṣṇu-Kṛṣṇa.

सलज्ज voll Scham, schamhaft.

सलिल n. Wasser.

सव m. Antrieb, Geheiß, Befehl.

सवन n. Pl. die drei Tageszeiten (Morgen, Mittag, Abend).

सवितृ m. Sonnengott, Sonne.

सविनयम् adv. bescheiden.

सविषाद voll Kummer, betrübt.

सविस्मय erstaunt.

सव्य link.

सव्यसाचिन् mit der linken Hand vertraut; m. Name des Arjuna.

सस्मितम् adv. lächelnd, unter Lächeln.

सस्य n. Feldfrucht, Getreide.

सह् (*sáhati* u. *-te; sasāha* u. *sehe; asahiṣṭa, asakta; sahiṣyate* u. *sakṣyati*, periphr. *sahitā* u. *soḍhā;* pp. *soḍha-* §§ 28.3c; 147.2c. Inf. *soḍhum*) ertragen, erdulden, aushalten.
m. **उद्** vermögen, im stande sein.
m. **वि** ertragen. *aviṣahya-* s. bes.

°सह EK. ertragend, erduldend.

सह adv. zusammen, gemeinsam; Präp. u. Postp. mit (m. I.); (Trennung) von; AK. dass. wie **स°**.

सहचर m. Gefährte, Freund.

सहचारिन् m. dass. wie das vor.

सहस् n. Gewalt, Macht. *sahasā* plötzlich, schnell.

सहस्र n. tausend. *-dhā* in tausend Stücke; *-śaḥ* zu tausenden, tausendfältig.

सहस्रिन् tausend besitzend.

सहाय m. Freund, Gefährte.

सहित vereinigt, verbunden, versehen m. etw.

साक्षात् vor Augen, sichtbar, offenbar.

साक्षिन् m. Zeuge.

सागर m. Meer.

सागरदत्त männl. Eigenname.

साध् (*sā́dhati, -te;* K. *sādhayati, asīṣadhat*, Pass. d. K. *sādhyate*, pfp. *sādhya-*) sein Ziel erreichen. K. vollenden, ausführen; heilen.

साधु, f. *sādhvī*, gut, fromm.

साध्य pfp. des K. von **साध्**, ausführbar, heilbar; m. Name einer best. Götterklasse.

सामन्त m. Nachbar; Vasall; n. Nachbarschaft.

सामान्य gemeinsam, allen zugänglich.

सांप्रतम् jetzt, gegenwärtig.

सायम् abends, am Abend.

सायुध bewaffnet.

सार m. Saft; Quintessenz, das beste von etw.

सारथि m. Wagenlenker.

सार्धम् Präp. zusammen mit (m.I.).

सावित्री f. Name einer Frau.

साशङ्क von Furcht erfüllt.

साहस n. kühne Tat, Wagnis; Strafe, Geldstrafe.

साहसिकता f. Kühnheit.

सिंह m. Löwe.

सिकता f. Kiesel, Sand.

सिच् § 96. 2b (*siñcáti* u. *-te, siṣeca; asicat* u. *-ta; sekṣyati*; Pass. *sicyate*, pp. *sikta-*; K. *secayati*) vergießen; besprengen, begießen.

m. **अभि** (*abhiṣic*) besprengen, salben, weihen.

सिद्धि f. Gelingen, Erfüllung, Erfolg.

1. **सिध्** (*sédhati;* aor. *asedhīt* u. *asaitsīt;* pp. *siddha-;* K. *sedhayati*) scheuchen, vertreiben.

m. **नि** (*niṣidh*) abwehren, hindern.

m. **प्रति** (*pratiṣidh*) verhindern, verbieten.

2. **सिध्** (*sídhyati; siṣedha; asaitsīt; setsyati;* pp. *siddha-;* K. *sedhayati*) zu stande kommen, gelingen; pp. gelungen, durchgeführt.

m. **प्र** dass.; pp. *prasiddha-* s. bes.

सिन्धु mf. Fluß, Strom.

सीमन् f. u. **सीमा** f. Grenze.

सीमान्त m. dass. wie d. vor.

1. **सु** (*sunóti; suṣāva* u. 1. Pl. *suṣuma; asāvīt* u. *asoṣṭa; soṣyati* u. *saviṣyati;* Pass. *sūyate*, pp. *suta-*) pressen, keltern (bes. den Somatrank).

2. **सु** Part. wohl, gut; AK. wohl, gut, schön, z. B. *surakṣita-* wohl behütet, *sumadhyā-* mit schöner Taille; sehr, z. B. *sumahat-* sehr groß.

सुकृत wohl getan; n. gute Handlung, Verdienst.

सुख leicht, angenehm, bequem, glücklich; n. Wohlbefinden, Glück. *-am, -ena* adv. glücklich, leicht, wohl.

सुचरित n. gutes Werk, gutes Verhalten, gutes Benehmen.

सुत m. Sohn, Kind; f. *ā* Tochter.

सुतसोम der den Somatrank gekeltert hat.

सुदर्शन n. Name der Wurfscheibe des Viṣṇu.

सुधा f. Göttertrank, Nektar.

सुन्दर, f. ī, schön.

सुपर्ण schön geflügelt; m. Adler, Geier, Name des Vogels Garuḍa.

सुप्त pp. von **स्वप्**.

सबुद्धि klug, verständig.

सुभग gesegnet, glücklich.

सुमनस् § 63, Anm. wohlgesinnt, befriedigt, frohen Sinnes.

सुमन्त्र m. guter Rat; guten Rat erteilend.

सुर m. Gott.

सुरा f. ein berauschendes Getränk.

सुवीर reich an Helden.

सुशिप्र mit starker Kinnlade.

सुहृद् m. Freund.

सू (*sū́te* u. *sū́yate, savati* u. *sauti; suṣuve, susāva* u. *sasūva; asaviṣṭa* u. *asoṣṭa; soṣyate* u. *-ti;* pp. *sūta-* u. *sūna-*) gebären, erzeugen.

m. **प्र** dass.; pp. *prasūta-* geboren, erzeugt, entstammt von.

सूकर m. Schwein, Eber.

सूक्त n. Spruch, Hymnus.

सूद् (*sūdáyati* u. *-te,* ved. auch *súṣūdati;* pp. *sūdita-*) in Ordnung bringen; den Garaus machen, vernichten.

सूदन vernichtend.

सूनु m. Sohn.

सूपायन schöne Hilfe bringend.

सूर्य m. Sonne.

सृ (*sárati,* ved. auch *sísarti; sasāra* u. 3. Pl. *sasruḥ; asārṣīt; sariṣyati;* Pass. *sriyate,* pp. *sṛta-;* K. *sārayati,* pp. *sārita-*. Inf. *sartum* u. ved. *sártave*) gehen, fließen.

m. **निस्** herausgehen, fortgehen, herausfließen. K. fortgehen heißen, fortjagen, verjagen.

m. **प्र** ausstrecken, vorstrecken.

सृज् (*sṛjáti; sasarja* u. *sasṛje; asrākṣīt* u. *asṛṣṭa; srakṣyati* u. *-te;* Pass. *sṛjyate,* pp. *sṛṣṭa-;* Des. *sisṛkṣati.* Inf. *sraṣṭum*) loslassen, entsenden, von sich geben; hervorbringen, schaffen.

m. **अव** freigeben, befreien; passieren lassen, vergeben.

m. **उद्** ausspritzen, loslassen, freilassen, wegwerfen.

m. **समुद्** fahren lassen, aufgeben.

m. **वि** entlassen, fließen lassen, entsenden.

सृप् (*sárpati; sasarpa; asṛpat* u. *asārpsīt* od. *asrāpsīt; sarpsyati* u. *sraps-;* pp. *sṛpta-*. Inf. *sarpitum*) kriechen, schleichen.

m. **वि** einher schleichen.

सेतु m. Damm, Grenzmarke.

सेना f. Heer, Schlachtreihe.

सेव् (*sévati* u. *-te; siṣeve; aseviṣṭa; seviṣyate;* pp. *sevita-*. Inf. *sevitum*) sich zu jem. begeben; verehren, jem. (Akk.) dienen; pflegen, üben; lieben, mit jem. (Akk.) der Liebe pflegen.

m. नि (*niṣevate*, *nyaṣevata*) dass. wie das Simpl.

सेवक m. Diener.

सैन्य n. Heer.

सोढ, सोढुम् pp., Inf. von सह्.

सोम m. Name einer Pflanze und eines daraus gekelterten Trankes.

सोमपा den Soma trinkend.

सौध mn. Palast.

सौभाग्य n. Glück, Popularität, Beliebtheit.

स्कन्द् (*skándati; caskanda; askān; skantsyati;* pp. *skanna-;* K. *skandayati*) springen. K. überspringen, versäumen.

स्कन्द m. Name des Kriegsgottes.

स्तन m. weibliche Brust; Euter.

स्तनयित्नु m. Donner.

स्तनित n. Donner.

स्तभ् od. स्तम्भ् (*stámbhate, stabhnā́ti* u. *stabhnóti; tastambha* u. °*bhe; astabhat, astambhīt* u. *astāmpsīt;* Fut. periphr. *stabdhā;* K. *stabhāyati*) festigen, stützen.

m. वि auseinander stemmen.

स्तु § 105. 1 (*stáuti,* Imper. *stuhi,* ved. auch *stávate; tuṣṭāva* u. 3.Pl *tuṣṭuvuḥ; astoṣṭa, astaut; stoṣyati* u. *staviṣyate*; Pass. *stūyate*, pp. *stuta-*) loben, preisen.

m. अभि (*abhistu*) dass.

m. प्र dass.; pp. gepriesen, genannt; erwähnt, in Rede stehend.

स्तेन m. Dieb

स्तोतृ m. Lobsänger.

स्तोम m. Loblied.

स्त्री § 47, Anm. f. Frau, Weib.

°स्थ EK. irgendwo stehend, befindlich, im Besitz von etw. befindlich.

स्थल n. Festland, Hügel.

स्थशः adv. je nach seinem Platz.

स्था § 96. 1 c (*tíṣṭhati; tasthau* u. med. *tasthe*, ppf. *tasthivas-asthāt; sthāsyati;* Pass. *sthīyate*, pp. *sthita-*, pfp. *sthātavya-* u. *stheya-;* K. *sthāpayati*, aor. *atiṣṭhipat,* pp. *sthāpita-;* Des. *tiṣṭhāsati.* Ger. *sthitvā,* °*sthāya*) stehen, stehen bleiben, stand halten, einhalten; sich hinstellen, hintreten; sein, sich befinden. pp. s. bes. — K. stellen, feststellen, hinstellen, bringen.

m. अधि od. धि dastehen, darauf od. darüber stehen; pp. (*a*)*dhiṣṭhita-* dastehend, aufgestellt, besetzt, bewohnt.

m. अनु befolgen, ausführen, tun, verrichten; pp. *anuṣṭhita-*.

m. अव dastehen, verbleiben, leben; pp. dastehend, befindlich.

m. आ irgendwo stehen, sich

wohin begeben od. wenden; betreten, besteigen; sich in etw. hüllen.

m. उद् (*utthā*) aufstehen, sich erheben. K. aufrichten, aufstellen, aufheben.

m. समुद् dass.

m. उप sich zu jem. stellen, hinzutreten, sich nähern, drohen.

m. प्र sich erheben, sich aufmachen, aufbrechen. K. absenden.

m. संप्र dass.

m. प्रति feststehen; pp. festgestellt, errichtet. K. aufstellen, aufrichten.

m. वि stehen bleiben, halten; sich ausbreiten über (Akk. od. *anu ā*); pp. *viṣṭhita-* verreist.

m. सम् fertig werden. K. irg. wohin stellen, bringen.

स्थान n. das Stehen; Platz, Ort, Wohnung, Wohnort; Stadt; Gelegenheit.

स्थित pp. von स्था, stehend, seiend, bleibend, befindlich, festhaltend an.

स्थिति f. das Feststehen, feststehende Regel, Gesetz.

स्थिर fest, unbeweglich, standhaft. *sthirīkṛ* § 173 mutig machen, ermutigen.

स्थूलदत्त männl. Eigenname.

स्ना (*snāti*; pp. *snata-*) baden.

स्नान n. das Baden, Bad.

स्निह् (*snéhati* u. *sníhyati*; Fut. periphr. *snehitā, snegdhā, snedhā*; pp. *snigdha-*) anhängen, jem. (LG.) lieben.

स्नेह m. Öl, Salbe; Liebe.

स्पृश् (*spṛśáti*; *pasparśa*; *aspṛkṣat*, *aspārkṣīt* u. *asprākṣīt*; *sprakṣyati*; pp. *spṛṣṭa-*; K. *sparśayati*. Inf. *spraṣṭum*) berühren, treffen.

m. उप (das Wasser) berühren, eine Waschung vornehmen.

स्पृह् (*spṛhayati*) begehren, Verlangen tragen nach (D.).

स्फुट् (*sphuṭáti* u. *sphóṭati*; *pusphoṭa*; *asphoṭīt, sphuṭiṣyati*; pp. *sphuṭita-*; K. *sphoṭayati*) platzen, reißen; pp. weit aufgerissen.

स्फुर् (*sphuráti* u. *-te*; pp. *sphurita-*; K. *sphorayati* u. *sphur-*) schnellen, wegschleudern.

स्म, ved. auch स्मा enkl. Part., verstärkt das vorhergehende Wort; gibt einem Präs. die Bed. eines erzähl. Tempus.

स्मित n. Lächeln.

स्मृ (*smárati*; *sasmāra*; *asmārṣīt*; *smariṣyati*; Pass. *smaryate*, pp. *smṛta-*; K. *smārayati*. Inf. *smartum*; Ger. *smṛtvā*, °*smṛtya*) sich erinnern an (Akk.); überliefern, lehren.

m. अनु denken an (Akk.).

m. वि vergessen; pp. n. Versehen.

स्मृतमात्र adj. durch den bloßen Gedanken.

स्य N. Si. des ved. Pron.-St. **त्यद्**.

स्रग्विन् bekränzt.

स्व § 81.3 eigen; mein, dein, sein; n. Eigentum, Habe.

स्वकीय dass. wie das vor.

स्वद् (*svádati* u. *-te; sasvade;* K. *svădayati*, pp. *svădita-*) kosten, genießen.

m. **आ** K. *āsvādayati* kosten, genießen.

स्वधावत् selbstherrlich, mächtig.

स्वन m. Schall, Geschrei, Gebrüll.

स्वप् § 90.2; 104.2 (*svápiti; suṣvāpa* u. 3. Pl. *suṣupuḥ; mā svāpsīḥ; svapsyati;* pp. *supta-*) schlafen, einschlafen, sich schlafen legen.

स्वप्न m. Schlaf.

स्वभाव m. Natur, Art, Charakter.

स्वयम् (oft AK.) selbst, von selbst.

स्वरूप n. die eigene Gestalt; Wesen, Natur, Charakter, Wirklichkeit.

स्वर्ग m. Himmel.

स्वसृ § 49. 2, 3 f. Schwester.

स्वस्ति f. Glück, Heil, Segnung; adv. glücklich, erfolgreich.

स्वाध्याय m. das Studium für sich, das Selbststudium.

स्वामिन् m. Herr.

स्वीय eigen.

स्वैर frei, unabhängig. *-am* adv. ohne weiteres, nach Belieben

स्वैरिणी f. leichtsinnige Frau.

ह *h*

ह enkl. Part., leicht hervorhebend: fürwahr, gewiß.

हठ m. Gewalt, Notwendigkeit.

हन् § 106. 1; 116. 3 (*hánti* u. 3. Pl. *ghnanti*, Imper. 2. Si. *jahi*, 2. Pl. *hata*, pprs. *ghnant-; jaghāna* u. 3. Pl. *jaghnuḥ; haniṣyati*, periphr. *hantā;* Pass. *hanyate*, pp. *hata-*, pfp. *hantavya-;* K. *ghātayati;* Des. *jighāṃsati*. Inf. *hantum;* Ger. *hatvā*, °*hatya*) schlagen, hauen, umhauen; treffen, töten. Des. zu schlagen usw. trachten.

m. **आ** schlagen auf ..., treffen.

m. **अभ्या** dass.

m. **उप** berühren; hemmen, beeinträchtigen, schädigen.

m. **नि** erschlagen, töten, niedermachen.

m. **प्रति** dagegen schlagen, abwehren, hemmen.

हन्तृ m. Töter.

हय m. Pferd.

हरि m. Name des Kṛṣṇa-Viṣṇu.

हरिण m. Gazelle. *hariṇāyate* § 161 gleicht einer Gazelle.

हरिवाहन m. falbe Rosse besitzend, Name des Indra.

हरिशर्मन् männl. Eigenname.

हर्ष m. Freude, Wonne.

हवन्ते, हवेते s. ह्वा.

हविस् n. Opfergabe, Spende.

हव्य n. dass. wie das vor.

हस् (*hásati; jahāsa;* pp. *hasita-;* K. *hāsayati*) lachen.

m. प्र u. वि auflachen.

हस्त m. Hand; EK. etw. in der Hand haltend.

हस्तग u. °गत in der Hand befindlich.

हस्तिन् m. Elefant.

1. हा § 107.1 (*jíhīte; ahāsta; hāsyate.* Inf. *hātum*) wegspringen.

m. सम् sich aufmachen.

2. हा § 107.2 (*jáhāti* u. 3. Pl. *jahati,* Imper. 2. Si. *jahĭhi; jahau* u. 3. Pl. *jahuḥ; ahāt* u. *ahāsīt; hāsyati;* Pass. *hīyate,* pp. *hīna-;* K. *hāpayati.* Inf. *hātum;* Ger. *hitvā* u. ved. *hitvī́*) verlassen, aufgeben, weichen von etw.; verlieren; berauben.

m. प्रति verlassen, unbeachtet lassen.

m. वि dass. wie das Simpl.

3. हा Interj. ha!

हारिन् wegnehmend, stehlend.

हि enkl. Konj. denn, ja.

हिंस् (*hinásti* u. 3. Pl. *hiṃsanti,* Imper. 2. Si. *hindhi* § 14. 5; Impf. 3. Si. *ahinat; jihiṃsa; ahiṃsīt; hiṃsiṣyati;* pp. *hiṃsita-*) verletzen (auch tödlich).

हित pp. von धा.

हिमवत् m. Name des Himālaya.

हिरण्मय, f. *ī,* golden.

हीन pp. vom 2. हा.

हु (*juhóti* u. 3. Pl. *júhvati; juhāva; ahauṣīt; hoṣyati;* Pass. *hūyate,* pp. *huta-.* Ger. *hutvā*) ins Feuer gießen, opfern, darbringen.

हुतभुज् m. Feuer, Feuergott.

हुताशन m. dass. wie das vor.

हुवे s. unter ह्वा.

1. हृ (*hárati* u. *-te; jahāra* u. *jahre; ahārṣīt, ahār* u. *ahṛta; hariṣyati;* Pass. *hriyate,* pp. *hṛta-,* pfp. *hartavya-;* K. *hārayati.* Inf. *hartum;* Ger. *hṛtvā,* °*hṛtya*) nehmen, wegnehmen, gefangen nehmen, stehlen, rauben.

m. अप wegnehmen, entwenden, rauben.

m. आ herbeiholen, herbeischaffen, darbringen, (Opfer) veranstalten.

m. व्या reden, rufen, brüllen.

m. प्र werfen, schleudern; losschlagen auf ..., bekämpfen.

m. वि (die Zeit) verbringen.

2. हृ (*hṛṇīté*) zürnen, grollen.

हृद् n. Herz.

हृदय n. dass. wie das vor.

हृष् (*hṛ́ṣyati* u. ved. *hárṣati, -te; jaharṣa;* pp. *hṛṣṭa-;* K. *harṣayati,* pp. *harṣita-*) sich freuen; pp. erfreut, froh. K. erfreuen.

m. प्र dass. wie das Simpl.

हे Part. beim Vok. he!

हेमन् n. Gold.

हेमन्त m. Winter.

हेला f. Rücksichtslosigkeit.

हैम, f. *ī*, von Gold, golden.

होतृ m. Opferer, Opferpriester.

होत्र n. Opfer. S. अग्निहोत्र.

होम mn. das Insfeuergießen, Opfer.

ह्यः gestern.

ह्रद m. Teich, See.

ह्वा (i. Gr. *hve*) § 96. 3a (*hváyati*, ved. auch 1. Si. *háve*, 3. Du. *havete*, 3. Pl. *havante*, u. 1. Si. *huvé* u. a.; *juhāva* u. *juhve*; *ahvat*, *ahvata* u. *ahvāsta*; *hvāyiṣyate*; Pass. *hūyate*, pp. *hūta-*; Ger. *hūtvā*, °*hūya*) rufen, anrufen.

m. आ herbeirufen.

m. वि von verschiedenen Seiten her, gesondert anrufen.

II. Wörterverzeichnis

Deutsch-Sanskrit.

Zahlwörter und Pronomina sind in der Regel nicht aufgeführt, ebenso Eigennamen, deren Sanskritform sich mit der deutschen Umschrift völlig deckt. Hinter dem Verbum wird immer nach dem S. 46 der Grammatik gegebenen Schema die Präsensklasse (vgl. dazu § 93 und 98) angegeben, dahinter steht ā. wenn das Verbum medial ist, p. und ā., wenn es im Akt. und Med. gebraucht wird. Man vergleiche auch das Wörterverzeichnis I.

aber **तु** (enkl. wie lat. autem).
abhauen **कृत्** (I. 2; § 96. 2b).
ablassen **रम्** (I. 1) m. **वि**. von etw. = Ab.
abnehmen (ein Schmuckstück) Kaus. v. **तॄ** m. **अव**.
all **सर्व**, **विश्व** § 80. 3 mit Anm.
allzu **अति**
Almosen **भिक्षा** f.
älter, ältest **ज्यायस्**, **ज्येष्ठ** § 69.
altern **जॄ** (I. 3; ā.; § 96. 3c).
ander **अन्य** § 80. 3.
Angehöriger der drei oberen Kasten **द्विजाति** m.
angreifen **स्कन्द्** (I. 1; § 89. 3) m. **अव**.
anreden **वच्** (II. 1; § 90. 2).
anschließen, sich **श्रि** (I. 1; ā.) m. **आ**. an jem. = Akk.
Ansehen **गौरव** n.
Antilope **मृग** m.
Apsaras (Nymphe) **अप्सरस्** f. § 63, Anm.
arm **दरिद्र**, f. ā.
Asket **तपस्विन्** m. § 59.
auch **अपि** (enklitisch wie lat. quoque).
auffliegen **पत्** (I. 1) m. **उद्**.
aufgeben **त्यज्** (I. 1).
aufgehen **गम्** (I. 1; § 96. 1d) m. **उद्**; **इ** (II. 1; § 102) m. **उद्**.
Auge **नेत्र** n.; **चक्षुस्** n. § 64.
ausgestattet **संपन्न**, f. *ā*.
aushalten **क्षम्** (I. 1; ā.).

baden **स्ना** (II. 1).
Band **सूत्र** n.

bändigen ग्रह् (II. 3 b; § 91; 98. 3 b) m. नि; यम् (I. 1; § 96. 1 d) m. सम्. gebändigt जित; संयत, f. *ā*.

Bär ऋक्ष m.

Baum वृक्ष m.; तरु m.

befinden, sich = vorhanden sein, Pass. von विद्.

begabt (m. etw.) संपन्न, f. *ā*.

begeben sich गम् (I. 1; § 96. 1 d). wohin? = Akk.

Begierde लोभ m.

Begleiter (= Gefolgsmann) पुरुष m.

beide उभौ Du.

Beil परशु m.

belästigen पीड् (I. 4; § 89. 3).

Berg गिरि m.; पर्वत m.; शैल m.

berichten, Kaus. v. विद् m. नि

beschützen रक्ष् (I. 1).

besiegen जि (I. 1).

Besitzer स्वामिन् m. § 59.

beste, der श्रेष्ठ § 69; सत्तम.

betreten विश् (I. 2) m. प्र.

bewegen, sich, s. umherschweifen.

bleiben स्था (I. 1; § 96. 1 c).

Blume कुसुम m. n.

Bogenschütze धनुर्धर m.

böse पाप, f. *ā*; अशुभ, f. *ā*.

Bote दूत m.

Brahmane ब्राह्मण m.

brechen भञ्ज् (II. 3 a).

bringen नी (I. 1) m. आ.

Bruder भ्रातृ m. § 49. 1.

Bußübung तपस् n. § 63.

Ceylon लङ्का f.

da (= darauf) अथ, ततः.

dahin und dorthin तत्र तत्र.

dann, darauf ततः.

daran gehen क्रम् (I. 1; ā.; § 96. 1 b) m. उप.

darum तस्मात्, तेन, अतः.

daß, so daß यथा.

denken चिन्त् (I. 4; § 89. 3); मन् (I. 3; ā. od. II. 3 c; ā.; § 93. 3; 98. 3 c, Anm.). an jem. denken मन् m. Akk.

denn हि (enkl. wie lat. enim).

Dichter कवि m.

Dorf ग्राम m.

dort, dorthin तत्र.

durchbohren व्यध् (I. 3; § 96. 3 a).

ebenso तथैव.

ehren सेव् (I. 1; ā.; § 93. 1, Anm.).

Ehrfurcht bezeugen आस् (II. 1; ā.; § 106. 4 b) m. परि-उप. jem. = Akk.

Eifer कुतूहल n.

einander अन्योऽन्यम्.

Einsicht बुद्धि f.

Einsiedelei आश्रम m. n.

einstürzen s. fallen.

Elefant गज m., हस्तिन् m. § 59.

Eltern, Du. v. पितृ § 49. 1.

entstehen जन् (I. 3; ā.; § 96. 3a); जन् m. प्र. entstanden जात § 147. 3b.
entweder — oder s. oder.
erblicken दृश् (I. 3; § 96. 3d).
Erde भूमि f.; भू f.; पृथिवी f.; मही f.
erfreut हृष्ट: संतुष्ट, f. *ā*.
erlangen लभ् (I. 1; ā.), आप् (II. 3c) m. प्र.
erlegen, Kaus. v. पद् m. वि-आ. S. töten.
ertragen सह् (I. 1; ā.). pp. s. § 147. 1c.
etliche के ऽपि, केचित्, केचन § 80. 1, Anm.

fallen पत् (I. 1).
fangen ग्रह् (II. 3b; § 91; 134, Anm.).
Fehler दोष m.
Feind अरि m.; शत्रु m.; द्विष् m. § 22. 5; अमित्र m.
Feld क्षेत्र n.
ferne दूर, f. *ā*. Aus der F. दूरात्.
Feuer, Feuergott अग्नि m.
finden विद् (I. 2; § 96. 2b). sich finden, Pass. davon.
Flamingo राजहंस m.; हंस m.
fliegen पत् (I. 1).
Fluß नदी f.
fortwährend सततम्.
Frau नारी f.; योषित् f.
freilassen हा (II. 2; § 107. 2).
Freude प्रीति f.
Freund सखि m. § 44. 1; सुहृद् m.; मित्र n.
Freundin सखी f.
Freundschaft सौहृद n.
Frevel अपराध m.
fromm साधु, f. *sādhvī*.
Frömmigkeit धर्म m.
Frucht फल n.
führen नी (I. 1).
fürchten sich भी (II. 2). vor etw. = Ab.
Fürst पार्थिव m.
Fuß पाद m.

Gabe दान n.
Gang गति f.
Gast अतिथि m.
Gatte पति m. § 44. 2; भर्तृ m.
Gattin भार्या f.
geben दा (II. 2; § 108); यम् (I. 1; § 96. 1d). — es gibt s. vorhanden sein.
Geber दातृ m.
Gebieter अधिप m., अधिपति m.
geboren werden जन् (I. 3; ā.; § 96. 3 a). geboren जात § 147. 3b.
Geburt जन्मन् n.
Geduld क्षमा f.
Gegenwart. in G. समीपे, सकाशे.
gehen गम् (I. 1; § 96. 1c); इ (II. 1; § 102); या (II. 1; § 106. 4a).

gelangen zu etw. (Akk.) या (II. 1; § 106. 4a); गम् (I. 1; § 96. 1c).
Gelehrter पण्डित m.
Gelübde व्रत n.
gereichen zu etw. (D.) क्लृप् (I. 1; ā.; § 13, Anm.).
gesegnet शिव, f. *ā*.
Gestalt रूप n.
Gestirn नक्षत्र n.
Gewalt बल n.
gewaltig बलवत्, f. *ī*.
Gewalttat साहस n.
Gift हलाहल m. n.; विष n.
gleich सम, f. *ā*.
Glied अङ्ग n. (EK. f. *ī*).
Glück सुख n.
Glücksgöttin श्री f.
Gold कनक n.; सुवर्ण n.
Gott देव m.
Göttin देवी f.
groß विशाल, f. *ā*; महत् § 62. 1.
gut शुभ, f. *ā*. d. Gut वसु n.

Haar लोमन् n.
Habe वित्त n.
halten für (Akk.) मन् (I. 3; ā. und II. 3c; ā.; § 93. 3; 98. 3c, Anm.).
Hand हस्त m., पाणि m.
hassen द्विष् (II. 1; § 22 mit Anm.).
Haus गृह n.
Haut चर्मन् n.
heilvoll गुणवत्, f. *ī*.
Held वीर m.
hemmen वृ (II. 3c.).
herbeieilen क्रम् (I. 1; ā.; § 96. 1b). m. उप.
herbeiholen नी (I. 1) m. आ.
Herr पति m.; स्वामिन् m.
Herz हृदय n., मनस् n.
hier अत्र, इह.
Himmel द्यो (ved. m.) f. § 51; स्वर्ग m.
Himmelsgegend दिश् f.
hineilen zu (Akk.) द्रु (I. 1) m. सम्-उप.
Hochflut पूर m.
höchst पर § 80. 3, Anm.; परम, f. *ā*.
Höhlung (im Baum) कोटर mn.
Hölle नरक m.
Honig मधु n.
hören श्रु (II. 3c; § 110. 1).
Hütte पर्णशाला f.

immer सदा.
imstande समर्थ, f. *ā*.

ja = denn हि (nachgestellt).
Jahr संवत्सर m.; वर्ष m. n.
jeder सर्व, विश्व § 80. 3, Anm.
jetzt अधुना, इदानीम्.
Jugend यौवन n.
jung युवन् § 56. 1; 171. 3.
jünger यवीयस् § 65, 69.
Junges अपत्य n.

Jungfrau कन्या f.
Juwel रत्न n.

kämpfen युध् (I. 3; ā.).
keltern सु (II. 3 c).
kennen ज्ञा (II. 3 b; § 109. 2 a).
Knabe बाल m.
kommen गम् (I. 1; § 96. 1 d). m. आ. pp. s. § 147. 3.
König नृप m.; नृपति m.; राजन् m. (EK. °*rāja*- § 174. 5).
Königssohn राजपुत्र m.
Königstochter राजकन्या f.
Krähe वायस m.; काक m. Krähenweibchen वायसी f.; काकी f.
Krieger क्षत्रिय m.
Kuh धेनु f.; गो f.
Kummer शोक m.

Land जनपद m.
Landmann कृषीवल m.
lang चिर. lange, adv. चिरम्.
leben जीव् (I. 1; § 93. 1, Anm.); lebendes Wesen प्राणिन् m.
Leute जन koll. Si. od. Pl.; लोक desgl.
Licht ज्योतिस् n.
lieb प्रिय, f. *ā*.
Liebe काम m.
lieben स्निह् (I. 3).
Liebesgöttin श्री f.
Lied, Loblied स्तोत्र n.
List उपाय m.

Lotosblume पद्म m. n.
Löwe सिंह m.

mächtig बलवत्, f. *ī*.
Mädchen कन्या f.; बाला f.
Mann पुरुष m.; पुंस् m. § 52, Anm. 4.
Matte कट m.
Mensch मनुष्य m., जन m.
menschlich मानुष, f. *ī*.
Milch क्षीर n.; पयस् n.
mit = in Begleitung von सह, postp., praep. m. I.
möglich शक्य, f. *ā*.
Mond चन्द्र m.; चन्द्रमस् m. § 63, Anm.
Mörder हन्तृ m.
Mut धृति f.
Mutter मातृ f. § 49. 2.

nachgehen, einer S. सेव् (I. 1; ā.; § 93. 1, Anm.) (m. Akk.).
Nachkommenschaft संतति f.
nahe प्रत्यासन्न, f. *ā*.
Nähe समीप n.
Name नामन् n. mit N. नाम.
nicht न; prohibitiv मा.
nie, niemals न (मा) कदाचित्.
niederfliegen पत् (I. 1) m. नि.
niederhauen (Bäume usw.) लू (II. 3 b; § 109. 2 b).
niederlegen धा (II. 2; § 108) m. नि.

niedersetzen, sich सद् (I. 1; § 96. 1 c; 30, Anm.) m. नि.
niemals s. nie.
niemand न (मा) कश्चित् (को ऽपि, कश्चन) § 80. 1, Anm. 1.
nun अथ.

oder वा (nachgestellt). entweder — oder ... वा ... वा.
oh! beim Vok. हे.
Opfer यज्ञ m. S. u. verehren.
opfern हु (*juhoti*) § 98. 2.
Opferspende हविस् n.
Ozean उदधि m., समुद्र m.

Paar = Ehepaar, Pärchen दंपती Du.
packen धृ (I. 1; p. und ā.).
Pfeil इषु m.; शर m.; बाण m.
Pferd अश्व m., हय m.
preisen शंस् (I. 1; § 92. 3).

rauben मुष् (II. 3 b; § 98. 3 b; 85. 3).
reden वद् (I. 1; § 90. 2).
Regen वर्ष m. n. Regen spenden, regnen lassen वृष् (I. 1).
Reich, Königreich राज्य n.
reichen यम् (I. 1; § 96. 1 c).
Reichtum धन n.
reif पक्व, f. *ā*.
Roß s. Pferd.
Ruhm कीर्ति f.

sagen ब्रू (II. 1; § 104. 1). etw. = Akk., zu jem. = D., G., L.
Schar गण m.
Schatten छाया f.
Schatz निधान n., धन n.
Schiff नौ f. § 50.
schildern कथय् (Denom. § 161).
Schlacht रण m. n.; युद्ध n.
Schlange सर्प m.
schlecht, sündhaft पाप, f. *ā* (ved. *ī*).
Schnabel चञ्चु f.; तुण्ड n.
schön शुभ, f. *ā*.
Schönheit रूप n.
Schöpfer स्रष्टृ m.
Schüler शिष्य m.
schwach दुर्बल, f. *ā*.
schwanger गर्भवती f.
schwarz कृष्ण, f. *ā*.
schweifen भ्रम् (I. 3; § 96. 3 b).
Schwert असि m.
Schwester स्वसृ f. § 49. 2, 3.
sehen दृश् (I. 3; § 96. 3 d).
sein अस् (II. 1; § 103); भू (I. 1 § 116. 1).
seltsam आश्चर्य.
sicher ध्रुव, f. *ā*.
Sinn इन्द्रिय n.
so एवम्; इति (a. E. einer dir. Rede).
Sohn पुत्र m.
so lange (Dem.) तावत् (korrel. *yāvat*).
Sonne सूर्य m.; भानु m.

so viel तावत् § 61 (korrel. *yāvat*).
sowohl — als auch ... च ... च.
Speer कुन्त m.
spenden यम् (I. 1; § 96. 1 c).
Spitze मूर्धन् m.
sprechen वद् (I. 1; § 90. 2); ब्रू (II. 1; § 104. 1); वच् (II. 1, doch fehlen die Präsensformen außer Ind. Si. 1, 2, 3; § 90. 2) — zu jem. spr. = Akk.
Stadt नगर n.; नगरी f.; पुर् f. § 52, Anm. 1.
ständig नित्य, f. *ā*. Adv.: नित्यम्.
stehen स्था (I. 1; § 96. 1 c); st. lassen त्यज् (I. 1).
Stein दृषद् f.; प्रस्तर m.
Stengel वृन्त n.
sterben मृ (I. 3; ā.; § 96. 3 c). gestorben मृत.
Stimme गिर् f. § 52, Anm. 1.
strafen दण्डय् (Denom. § 161).
Straße रथ्या f.
Sturm वात m.
stürzen s. fallen.
suchen इष् (I. 2; § 96. 2 c) m. अनु.
Sünde पाप n.

tadellos अनवद्य, f. *ā*.
Tag दिवस m.
Tapferkeit पराक्रम m.
Tat कर्मन् n.
Teich सरस् n.
Tier तिर्यच् m. § 54; पशु m.
Tiger व्याघ्र m.
Tochter दुहितृ f. § 49. 2.
Tor, der मूर्ख m.
tot मृत.
töten हन् (II. 1; § 106. 1; 116. 3); Kaus. v. पद् m. वि-आ; Kaus. v. पत् m. नि. getötet हत § 147. 3; व्यापादित; निपातित.
Träne अश्रु n.
trauen श्वस् (II. 1; § 104. 2) m. वि. jem. = L.
trinken पा (I. 1; § 96. 1 c).
tüchtigste, der विशिष्ट.
Tugend पुण्य n.
tun कृ (II. 3 c; § 110. 2). getan कृत.
Tun, das क्रिया f.; वृत्ति f.; वृत्त n.

Übeltäter दुर्जन m.
üben = tun चर् (I. 1).
überschreiten तृ (I. 1; § 148. 4).
überwinden तृ (I. 1; § 148. 4).
Ufer तीर n.
umgeben (pp.) परिवृत, आवृत.
umherlaufen चर् (I. 1) m. वि.
umherschweifen भ्रम् (I. 3; § 96. 3 b).
un- अ-, vor Vok. अन्-.
und च (enkl. = lat. que).
Unglück दुःख n.

unsicher अध्रुव, f. *ā*.
untergehen (Sonne usw.) अस्तंगम् (I. 1; § 96. 1 c).
unterbringen धृ (I. 1).
Untertan जन m., प्रजा f.
Ursache कारण n.

Vater पितृ m.
verehren नम् (I. 1; p. und ā.). jem. = D. G. Akk. mit Opfern verehren यज् (I. 1; p. und ā.).
Vereinigung संगम m.
verfahren, tun स्था (I. 1; § 96. 1 c) m. अनु
verfassen रच् (I. 4; *racay*-).
vergehen (Zeit) इ (II. 1; § 102) m. अति. vergangen अतीत.
verlassen त्यज् (I. 1).
verletzen हिंस् (II. 3 a; § 14. 5).
Vermögen, Habe वित्त n.
vernichtet werden, Pass. v. मृद्.
Verräter मित्रद्रुह् m. § 21.
Verstand बुद्धि f. mit V. begabt बुद्धिमत्.
verwahren (= aufheben) K. von धृ.
Vieh पशु m.
viel प्रभूत, f. *ā*; बहु, f. *bahu* und *bahvī*.
Vogel पक्षिन् m.
vor = in Gegenwart, s. hier.
vorhanden sein वृत् (I. 1; ā.); = sich finden: Pass. von विद्.
Vorzug गुण m.

Waffe आयुध n.
Wagen रथ m.
wählen वृ (II. 3 b; p. und ā.); = für sich zu etw. (Akk.) machen कृ (II. 3 c; ā.; § 110. 2).
wahrnehmen विद् (II. 1).
Wald वन n.
Wanderer पथिक m.
warum? कस्मात्.
Wasser जल n.; सलिल n.
Weg मार्ग m.; पन्थन् m. § 56. 2.
Weise, der मुनि m.
Welt जगत् n.; लोक m.
wenn यदि.
werden भू (I. 1; § 116. 1).
Werk कर्मन् n.
Wesen भूत n.; सत्त्व n.; lebendes W. प्राणिन् m.
westlich प्रत्यच् § 54.
wie इव (enkl.); यथा.
wie? कथम्.
wieder पुनर्.
wie lange (Rel.) यावत्.
wie viel यावत् § 61 (korrel. *tāvat*).
Wind वात m.; वायु m.
wo? wohin? क्व. woher? कुतः.
wohnen वस् (I. 1; § 90. 2).
Wohnung वसति f.

Wolke मेघ m.
Wort वचस् n.
wunderbar अद्भुत.
Wunsch वर m.
wünschen इष् (I. 2; § 96. 2 c).
Wunschkuh कामदुह् f. § 21.
Wurzel मूल n.

Zeit काल m.
zerstreuen sich सृप् (I. 1) m. वि.
Zorn कोप m.; क्रोध m.
zu प्रति m. Akk.
zuerst पूर्वम्.
zufrieden संतुष्ट, f. ā.
Zufriedenheit संतोष m.
zugrunde gehen नश् (I. 3).
Zungenspitze जिह्वाग्र n.
zürnen कुप् (I. 3); क्रुध् (I. 3) jem. = D., G.
zweiter द्वितीय, f. ā.